*Ils se croyaient
illustres et immortels...*

Michel Ragon

Ils se croyaient illustres et immortels...

Albin Michel

IL A ÉTÉ TIRÉ DE CET OUVRAGE

*Trente exemplaires sur vergé blanc chiffon, filigrané,
des Papeteries Royales Van Gelder, de Hollande,
dont vingt exemplaires numérotés de 1 à 20,
et dix exemplaires, hors commerce, numérotés de I à X.*

Leur réputation ne dure même pas tout le temps qu'ils vivent (...) On est reconnu pendant cinq ans, dix ans, quinze ans (c'est déjà beaucoup) puis tout sombre, homme et livres.

Gustave Flaubert

On a beau dire ou prétendre, le monde nous quitte bien avant qu'on s'en aille pour de bon (...) On n'est plus qu'un vieux réverbère à souvenirs au coin d'une rue où il ne passe déjà presque plus personne.

Louis-Ferdinand Céline

J'avais d'abord pensé intituler ce petit livre : *Le crépuscule des vieux*. Mais cela m'a finalement paru d'un humour trop ambigu pour un sujet aussi grave.

De quels vieux s'agit-il ? Car pour tous les vieux, aussi illustres soient-ils, et même aussi féconds fussent-ils, la vieillesse est toujours un crépuscule. Le plus illustre de nos contemporains, au XXe siècle, Charles de Gaulle, n'a-t-il pas eu lui-même cette réflexion désabusée : « La vieillesse, quel naufrage ! »

Nous avons choisi certaines vieillesses invraisemblables. Invraisemblables dans la mesure où, après un réel naufrage de leur œuvre, comme de leur santé, ces personnages sont aujourd'hui de nouveau illustres. Le temps ne semble pas avoir gommé, en quoi que ce soit, leur mémoire et leur œuvre. Ils ont tous eu une vieillesse tragique et un oubli temporaire qui, pour certains, paraissait définitif.

Comment peut-on croire qu'Alexandre Dumas soit mort dans l'oubli et la gêne ? Et le tant aimé Alphonse de Lamartine, qui connaît sa vieillesse lamentable ?

Même Georges Clemenceau, idole de la Nation, toujours vénéré, n'a pas échappé dans ses vieux jours à l'ingratitude et à la solitude.

Lamartine et Clemenceau tombent de haut lorsqu'ils postulent à la présidence de la République qui semblait tout naturellement leur revenir et que le suffrage universel, ou celui des parlementaires, leur infligent deux gifles inattendues et inconcevables.

Le plus illustre écrivain de la première moitié du XXe siècle, et qui n'a en rien souffert de la fuite du temps, André Gide, n'avait-il pas, à la fin de sa vie, aussi fêté fût-il, ces paroles désenchantées :

« Je suis rassasié de jours et je ne sais plus à quoi employer ce peu de temps qui me reste à vivre (…) Ah ! qu'il est difficile de bien vieillir (…) Les exemples abondent de vieillesses déshonorantes. » (*Ainsi soit-il*, 1951.)

« Vieillesses déshonorantes… » Il pensait (il l'a dit) à celle si inattendue d'Alphonse de Lamartine.

Pratiquement tous les écrivains sont sujets, après leur mort, à ce que l'on appelle « la traversée du désert ». Certains s'y égarent, s'y perdent, sont engloutis dans les marais de la nouveauté. Rares sont ceux qui ne paraissent pas dévalués, démodés. Qu'on en parle encore et c'est pour en démontrer le ridicule. Anatole France et Pierre Loti, auteurs on ne peut plus célèbres et aimés, dans leur temps, ont subi les assauts de la génération qui leur a succédé. Les surréalistes avaient osé gifler le cadavre de l'auteur de *La Rôtisserie de la Reine Pédauque* et le tant aimé Pierre Loti sombrait dans le ridicule. L'un et l'autre sont aujourd'hui réhabilités. On les lit de nouveau, l'un et l'autre, avec plaisir. Il y a même un véritable renouveau de Pierre Loti.

Lors de ma vingtième année, à Nantes, un poète était fêté par des séances publiques de lectures. Il bénéficia même d'une commémoration au théâtre Graslin. Il s'appelait Paul Fort et il avait reçu le titre de Prince des Poètes en 1912. Il sera d'ailleurs l'avant-dernier poète à bénéficier de ce titre (le dernier étant Jean Cocteau).

Paul Fort a été très célèbre et à juste titre. Du poète populaire qu'il a été, et des quarante volumes de ses *Ballades françaises* ne subsistent guère que quelques textes charmants mis en chansons par Georges Brassens.

Qui se souvient de Paul Fort ?

Et que sont devenus Paul Bourget, Marcel Prévost, Henry Bordeaux, Victor Margueritte, fleurons de la littérature dans la première moitié du XXᵉ siècle ? Et le si populaire Maxence Van der Meersch, dont la plupart des romans deviendront des films jugés inoubliables.

Qui aurait pu penser que Jean Anouilh, le plus célèbre, le plus aimé des théâtreux, ne serait pratiquement plus joué lorsqu'apparurent Beckett et Ionesco ?

On pourrait allonger cruellement la liste.

Je ne sais si cette anecdote est authentique, tellement elle paraît peu crédible. Géraldine Chaplin aurait raconté que, accompagnant son vieux père à l'inauguration d'une exposition de peinture, en Suisse, qui attirait une foule d'admirateurs, personne ne reconnaissait, ni n'attachait d'importance au vieillard dans sa chaise roulante qu'était devenu Charlot. Et Chaplin, résigné, de dire à sa fille : « Tu sais, moi aussi, j'ai été connu, autrefois. »

Alexandre Dumas

« Je viens mourir chez toi. »

Alexandre regarde son fils, dont il a toujours été si fier, son fils si habile à mener sa carrière et ses affaires, son fils propriétaire de cette maison en bord de mer, où sa vie s'achève en désastre.

Lui qui, avec les revenus d'un seul livre, pouvait bâtir le château de Monte-Cristo, aura pour ultime demeure ce chalet inconfortable, bâti sur la pente de la falaise, au milieu de cabanes de pêcheurs et de villas d'estivants. Sa chambre donne sur la mer. Par beau temps, sa fille l'installe dans un fauteuil, sur la terrasse.

Alexandre Dumas songe à tous ces bâtards qu'il a engendrés inconsidérément. Plus de deux cents, dit la légende. Pourquoi a-t-il consenti à reconnaître ces deux-là ?

Il les a tellement reconnus qu'il a tenu à leur

donner non seulement son nom, mais aussi son prénom. Il y a donc un Alexandre Dumas fils et une Alexandrine. Plus précisément Marie-Alexandrine, la mère ayant aussi voulu laisser sa marque.

Comme il se doit, le père prodigue a toujours montré sa préférence pour son fils, qui ne l'aime guère, scandalisé par ses trop nombreuses maîtresses, alors que sa fille lui voue un tel amour que celui-ci lui gâche son existence.

«Je viens mourir chez toi.»

Alexandre Dumas, l'écrivain qui, en son temps, a gagné le plus d'argent, n'a plus rien. Plus de toit, plus de droits d'auteur.

Le succès est allé ailleurs.

Il ne comprend pas les raisons de cette chute.

Dans son fauteuil, face à la mer, enveloppé des couvertures bordées par Marie, il ressasse sans fin cette inexplicable déconfiture.

Le succès d'Offenbach lui paraît une offense personnelle. Se moquer de l'Histoire c'est se moquer de Dumas qui a porté les personnages historiques à une telle popularité.

Pour contrer Offenbach, il s'est échiné à tenter

de réanimer un théâtre historique en lançant une souscription qui tourna vite en faillite.

Comment peut-on représenter aussi grossièrement les héros de l'Antiquité ? Et le public applaudit ! Ces gros rires devant l'infortune de Ménélas, il ne peut les digérer. On ne riait pas aux répliques de ses pièces. On s'exclamait, on criait d'enthousiasme.

Il y a seulement cinq ans, il trouvait tout naturel d'écrire à Napoléon III :

« Sire, il y avait en 1830, et il y a encore aujourd'hui, trois hommes à la tête de la littérature française : Victor Hugo, Lamartine et moi. Victor Hugo est proscrit. Lamartine est ruiné. »

Mais Napoléon III n'avait d'estime que pour Offenbach. Lui aussi.

L'an dernier, Alexandre Dumas a assisté aux obsèques de Lamartine, pauvre Lamartine, poète démodé, étranglé par ses soucis pécuniaires, qui ne subsistait qu'en faisant de la copie.

« Il y avait, en 1830, trois hommes à la tête de la littérature… »

La vanité enfantine de Dumas père est incommensurable !

Pourtant il disait vrai, si l'on oublie de plus humbles. Comme Gérard de Nerval dont Marie-Alexandrine fut si amoureuse. Enfin, amoureuse comme une petite fille dédaignée par son père pouvait l'être inconsidérément.

Hugo... Lamartine... Alexandre Dumas a toujours voulu se mesurer à ces deux-là. Non pas seulement se mesurer, mais être leur égal. Lorsqu'en 1830, Victor Hugo et Lamartine furent décorés de la Légion d'honneur, Alexandre blêmit, pour autant qu'un mulâtre puisse blêmir. Il lui fallut attendre sept ans pour recevoir la médaille. Vexé, il la fourra dans sa poche.

Même le petit Dumas (le « petit », comme disaient les flatteurs du « grand ») connaît un succès durable. Sa *Dame aux camélias*, si vite transfigurée par l'opéra de Verdi, suscite l'enthousiasme, comme jadis les propres pièces de théâtre du père, que personne ne joue plus.

Dans son fauteuil d'invalide, Alexandre demande à Marie de lui apporter ses œuvres les plus célèbres. Il relit *Les Trois Mousquetaires* avec une certaine inquiétude. Appelle son fils.

– Que penses-tu des *Trois Mousquetaires* ?

– Je n'en pense que du bien.

– Et *Le Comte de Monte-Cristo* ?

Alexandre le petit fait la moue :

– Ça n'égale pas *Les Trois Mousquetaires*.

Ce *Monte-Cristo* dont le succès fut tel que Dumas put construire avec ses droits d'auteur un palais. Un palais qu'il n'a pu conserver, étranglé par trop de dettes.

Le vieil Alexandre ose quand même protester.

– Sais-tu que des ouvriers, dans l'île de Cuba, viennent de me demander l'autorisation d'appeler Monte-Cristo le cigare qu'ils confectionnent.

Alexandre le petit se moque. Son père l'agace avec ses perpétuelles fanfaronnades :

– Ton *Monte-Cristo* va s'en aller en fumée.

Il y a sans doute aussi une sorte de revanche dans le succès du fils, si longtemps écrasé par la gloire de son père.

Ce n'est pas un hasard si, à la truculence, à l'immoralité, aux extravagances de Dumas père, il a construit une œuvre où il pose au moraliste, vilipendant l'adultère, exaltant la vie familiale.

Physiquement, les deux Alexandre se ressemblent. Aussi ventripotents l'un et l'autre, le fils est néanmoins de plus petite taille. La vieillesse a fait perdre au père quelques centimètres. Le temps est loin où il s'amusait dans les salons à allumer les lustres sans avoir à monter sur un tabouret.

Alexandre père était un géant dans tous les sens du terme. Il n'est plus qu'un vieillard dorloté par Marie-Alexandrine.

Il regarde sa fille avec étonnement. Ce qu'il ne lui pardonne pas, c'est sa laideur. Comment, lui qui a eu pour maîtresses les plus belles des actrices et les plus célèbres, peut-il avoir engendré ce laideron ?

Quoi, la mère de Marie, Belle Krelsamer, juive alsacienne aux cheveux noirs et aux yeux bleus, n'était-elle pas digne de son prénom ? Une splendeur, que tous ses amis courtisaient. Et avec laquelle, chose incroyable, il avait vécu pendant quatre ans une quasi vie conjugale.

Marie borde les couvertures pour que son père ne prenne pas froid. Il la regarde, stupéfait qu'elle soit déjà si flétrie. Ses yeux noirs sont si tristes et sa bouche aux lèvres tuméfiées semble exprimer son dégoût du monde et des hommes. Bien qu'il ait cru devoir la marier, et qu'elle ait vécu une courte vie matrimoniale dans sa vingtième année, il ne peut s'empêcher de la considérer comme une vieille fille.

N'a-t-elle pas, très vite, abandonné le mari qu'il lui avait donné pour revenir chez ce père qu'elle ne quittera plus.

Alexandre lui cache ses liaisons les moins avouables, mais veut lui faire aimer ses maîtresses officielles. Ce qui ne va pas toujours sans drame.

Les scènes de jalousie de Marie épouvantent Alexandre qui en a pourtant vu d'autres. Mais Marie se déchaîne comme une louve, hurle, casse les bibelots et les meubles dans l'appartement.

Face aux dérèglements de sa fille, le fier Alexandre s'effondre. Il lui permet tous ses caprices, lui installe un atelier de peinture. Son frère est écrivain, elle sera artiste-peintre.

Ah ! pourquoi Gérard de Nerval s'est-il pendu ? Lui qui savait l'amadouer.

Jamais elle n'oublia celui qui, lorsqu'elle n'était qu'une petite fille, lui racontait de si merveilleux contes. Celui qu'elle appelle toujours, en le chantonnant comme une comptine, son « prince d'Aquitaine à la tour abolie ».

Gérard de Nerval aurait-il entraîné la petite fille

à la mère absente et au père fugueur dans ce qu'il appelait « le soleil noir de la mélancolie » ?

Marie-Alexandrine ne s'est jamais consolée de la mort de Nerval, de son absence. Après l'avoir accompagné au service funèbre de Notre-Dame de Paris, elle a porté toute sa vie son deuil, nattant bizarrement ses cheveux en une sorte de couronne funéraire, avec, accrochées, ces inexplicables petits croissants dorés qui étonnaient encore le vieil Alexandre et dont elle refusait, avec rage, de fournir quelque explication que ce soit.

Alexandre rêvasse. Sa fille, près de lui, est absorbée par un travail de couture.

– Tu te souviens de Marie ?

– Quelle Marie ?

– Marie Dorval.

– Ah ! oui, je l'aimais bien. Elle a toujours été fidèle à Vigny.

Marie Dorval, actrice vedette du Théâtre de la Porte-Saint-Martin, qui fut en effet pour Vigny ce que Juliette Drouet fut pour Hugo.

Enfin presque. L'histoire est plus complexe. Juliette n'a aimé que Hugo, d'un amour immense, d'un dévouement inouï. Marie Dorval s'est vouée elle aussi à son poète. Mais Alexandre Dumas était si séduisant et si habile que Marie n'évitera pas une coucherie dont elle conserva toujours, peut-être du plaisir, en tout cas des remords.

Toujours est-il qu'en 1849, au mois de mai, alors que Vigny, retiré en Charentes, avait rompu sa liaison, Marie Dorval appelle celui qu'elle surnomme son « bon chien ».

Alexandre accourt. Marie Dorval est mourante.

Celle qui avait été la créatrice d'*Antony*, la plus célèbre vedette du théâtre de boulevard, avec Frédérick Lemaître, meurt dans une complète indigence. Sa carrière s'est brusquement terminée avec la chute du romantisme.

Refusée comme pensionnaire à la Comédie-Française où elle acceptait même de jouer les utilités, elle ne trouve plus aucun rôle. Tout le monde l'a abandonnée, sauf « le bon chien ».

Elle supplie Alexandre de tout faire pour que son corps ne soit pas jeté dans la fosse commune.

Il faut six cents francs pour une concession. Alexandre tantôt richissime, tantôt sans le sou, n'a en réserve que deux cents francs. Il se précipite chez Hugo, qui double la somme. Manquent encore deux cents francs qu'Alexandre quémande et obtient au ministère de l'Intérieur.

Marie Dorval n'est pas jetée dans la fosse des anonymes. Mais il ne s'agit que d'une concession provisoire. Pour une concession perpétuelle, après la mort de la comédienne Alexandre écrit en toute hâte un livre intitulé : *La dernière année de Marie Dorval* qu'il dédie, avec quelque malignité, à George Sand.

– Je me souviens, dit Marie-Alexandrine, de ce grand panier de fleurs, qu'elle t'avait apporté un jour, avec, enfoui dans les fleurs, un petit nègre que tu as gardé comme domestique. Du temps où tu avais des domestiques.

Alexandre ronchonne. Il n'aime guère ces rappels à sa propre négritude.

Les derniers mois d'Alexandre sont paisibles. Qui aurait pu penser qu'un jour il s'arrêterait d'écrire, qu'il n'en aurait même plus envie ? Il dort beaucoup et, lorsqu'il se réveille, il appelle ses petites-filles afin de jouer aux dominos.

Le 2 septembre 1870, son fils vient lui

apprendre le désastre des armées et la capitulation de Napoléon III à Sedan.

Le 4, il lui annonce sans plaisir que la république est proclamée à Paris.

Le vieil Alexandre ne dit rien, mais il laisse couler quelques larmes.

Il a toujours été républicain et ne s'est pas compromis avec l'Empire.

Sans commentaires, il fait appeler Marie pour qu'elle pousse son fauteuil à roulettes sur la terrasse. Face à la mer, à l'horizon qu'il regarde avec une extrême attention, il murmure seulement :

– Hugo doit s'agiter sur son rocher.

Avoir été multimillionnaire et ne plus posséder que des dettes. Avoir battu Hugo quant au nombre de lecteurs et voir s'effondrer sa popularité... Le vieil Alexandre somnole. Sa gloire passée lui revient dans ce demi-sommeil, comme dans un songe. A-t-il rêvé tout ça ? A-t-il affabulé tout ça ?

Il s'est tant acharné, ces deux dernières années, à ne pas dételer. Il est allé jusqu'à créer des journaux, le *Dartagnan*, en 1868, qui a disparu au bout de cinq mois, l'hebdomadaire *Théâtre-Journal*, vite moribond.

Il a déjà publié ses mémoires. De *Nouveaux mémoires* devraient lui ramener ses lecteurs. D'abord publiés en première page du *Soleil*, leur insuccès est tel que le journal les rétrograde en troisième page et, finalement les abandonne.

Alors réapparaître au théâtre qui l'a tant fêté ! Il propose un drame, *Madame de Chamblay*, qui ne tient pas l'affiche.

Une dégringolade incompréhensible. Et pendant ce temps-là les romans du fils multiplient leurs éditions.

Comme cette *Madame Bovary*, d'un nommé Flaubert ! Il a mis dix jours pour le lire, tellement l'intrigue lui paraissait mince et les personnages caricaturaux. Ces jeunes romanciers n'ont plus d'imagination !

Il est ruiné, lâché par ses lecteurs (mais il faut dire que beaucoup d'entre eux ne sont plus de ce monde), terrassé par la vieillesse et la maladie.

Le lendemain, lorsque le jeune Alexandre (qui a, néanmoins, près de cinquante ans) vient au chevet de son père, celui-ci lui montre les deux louis d'or qu'il a posés sur la table de nuit.

— Regarde, tout le monde a dit que j'étais un prodigue ; toi-même tu as fait une pièce là-dessus. Eh bien ! Tu vois comme on se trompe. Quand j'ai débarqué à Paris, j'avais deux louis dans ma poche. Regarde… Je les ai encore…

Mais de quoi Alexandre meurt-il ? Il n'est pas si vieux, il n'a que soixante-huit ans. Son aspect physique n'a guère changé. Sa chevelure crépue est toujours aussi abondante. Elle a seulement grisonné.

Son visage est un peu bouffi et les attaches de son petit gilet menacent de craquer sous la pression de son abdomen.

Malgré son effondrement moral, il tient à donner le change en soignant sa mise et Marie prend soin que le nœud papillon soit impeccable sous son double menton.

Alexandre fils bougonne que son père meurt syphilitique, que la morale se venge, que les femmes avilies se rebiffent.

En réalité, malgré tous ses excès, le vieux Dumas n'est atteint ni par la syphilis, ni par la cirrhose. Les médecins diagnostiquent un diabète gras pléthorique et une hypertension, cause de ses tremblements.

Même s'il ne peut plus se déplacer qu'en fauteuil roulant, il n'est pas grabataire.

Géant courbé, il ne peut plus se lever de son fauteuil qu'en s'appuyant des deux mains aux rebords.

Se lever ? Mais marcher... Ses jambes ne le portent plus. Son corps est trop lourd. Sa haute taille s'est affaissée. Ce colosse est devenu une masse informe.

Les malaises de la vieillesse l'accablent. Son sexe, dont il fut si fier, lui fait honte. Lui si solide, si volumineux, qui sabra tant de vagins avides, est devenu une petite queue misérable qui ne retient même pas un pipi indocile. Il doit appeler pour que son incontinence ne souille pas son pantalon.

Ce corps qui faisait sa fierté par sa robustesse est devenu un fardeau. Il craque, se disloque, coule.

Sa mémoire, fabuleuse, qui lui a permis de ressusciter des siècles d'Histoire s'égare, défaille. Il cherche ses mots, se creuse la tête pour une simple réplique.

Si bien qu'il n'a plus envie d'écrire, de lire. Il n'a plus envie de rien.

Un matin, Alexandre fils le ranime brusquement en lui annonçant que Garibaldi est en Bourgogne et qu'à la tête de ses légionnaires aux chemises rouges, il s'y bat devant Dijon, contre les Prussiens.

Alexandre père essaie brusquement de se lever. Retombe brusquement dans son fauteuil.

— Je n'ai pas seulement écrit des romans historiques, s'exclame-t-il. Avec Garibaldi j'ai été le héros d'un roman historique.

N'avait-il pas rejoint Garibaldi lors de sa tentative de conquête du royaume de Naples, mettant sa goélette (il était même propriétaire d'un navire et de son équipage, en ce temps-là !) à la disposition du héros de l'indépendance italienne. N'avait-il pas, contre le pape, exalté « L'Évangile de la Sainte Carabine ». N'avait-il pas, avec Garibaldi, rêvé d'une ultime croisade qui chasserait les Turcs de l'Albanie et de la Macédoine, jusqu'à Constantinople !

— Oui, grommelle Dumas fils, mais c'est toi qui as été finalement chassé d'Italie avec, dans tes bagages, une cantatrice hystérique.

Décidément, pense le vieux Dumas, son fils manque d'esprit d'aventure.

Mais n'est-ce pas justement parce qu'il exprime le goût raisonnable des bourgeois que sa littérature a tant de succès.

– La passion est au-dessus de tout, insiste le vieux Dumas.

– La passion n'excuse rien, répond le fils.

En novembre, la tempête se lève et la pluie frappe violemment les vitres du pavillon. Impossible de pousser le fauteuil roulant sur la terrasse, balayée par le vent.

Le vieil Alexandre reste enfermé dans le salon et joue interminablement aux dominos avec ses petites-filles qui se lassent de ce perpétuel recommencement.

Elles s'ennuient de la fanfaronnade de ce grand-père qui s'accroche à son glorieux passé et veut leur en faire goûter les miettes.

Elles ne croient rien de ce qu'il raconte. Comment aurait-il pu connaître le roi ? D'ailleurs, depuis bien longtemps, il n'y a plus de roi ! De tous les amis dont il se réclame, il n'y a que Victor

Hugo dont elles récitent la poésie. Mais Hugo, comme Sisyphe sur son rocher, appartient à la légende.

– Tu les fatigues avec tes contes, dit Marie.

– Mais ce ne sont pas des contes, tu le sais bien, toi. Hugo et Lamartine étaient quand même témoins à ton mariage !

– Papa, Hugo était déjà en exil.

– Ne dis pas n'importe quoi ! Est-ce que les cent vingt mille francs de ta dot ne faisaient pas beaucoup jaser ?

– Si, si, beaucoup jaser. Seulement tu as oublié de la payer et mon petit mari s'est éclipsé.

Alexandre se renfonce dans son fauteuil, se recroqueville dans ses couvertures et décide désormais de se taire.

Le 5 décembre 1870, à dix heures du soir, il meurt silencieusement.

Le 6, les Prussiens entrent à Dieppe.

René Descartes

Mais, vraiment, que Descartes allait-il faire en Suède, sinon y trouver la mort, alors qu'il se croyait immortel, ou presque.

Oui, René Descartes qui, dans le *Discours de la méthode*, faisait l'éloge d'une médecine permettant de nous « exempter d'une infinité de maladies, tant du corps que de l'esprit, et même aussi peut-être de l'affaiblissement de la vieillesse, si on avait assez de connaissance de leurs causes » ; oui René Descartes qui composa un abrégé de médecine où il proclamait son espoir de vivre plus d'un siècle en évitant les fautes « que nous avons coutume de commettre », se laissa distraire par la faute la plus banale et traditionnelle : se faire entortiller par le charme d'une femme lointaine dont il n'avait même pas vu le portrait.

Il y avait un homme qui, depuis une vingtaine

d'années s'était fixé en Hollande, attiré par la pureté et la sécheresse de l'air, la discrétion des habitants et les hivers tempérés par la chaleur stable des fourneaux de faïence, sans désagréable fumée.

Il y avait un homme qui aimait la solitude, détestait être dérangé, se couchait tôt et se levait tard, vivant le plus simplement du monde, seulement préoccupé de calculs mathématiques et de réflexions philosophiques, délivré de tout souci d'argent par ses rentes familiales ; un homme qui, à cinquante ans, avait pratiquement terminé d'écrire l'œuvre qui allait projeter son nom jusqu'à nous.

Tout à coup, cette admirable machine, réglée comme une horloge flamande, se détraque.

Il ne manquait pourtant pas de correspondants, d'admirateurs et d'admiratrices avec lesquels il échangeait de longues discussions et des polémiques.

Autour de ce solitaire bruissait la pensée la plus féconde du siècle.

Il avait rencontré à Paris Blaise Pascal, mais la passion douloureuse de celui-ci s'était mal accordée avec la sécheresse mathématique de l'auteur du *Discours*.

Il n'avait pas (heureusement pour lui) rencontré Galilée, s'étant contenté de lire son exposé, après sa publication, évitant de donner son avis, trop attaqué si souvent lui-même par les théologiens calvinistes, et se méfiant comme de la peste des jésuites. La théologie ne menait-elle pas alors son contradicteur si facilement en enfer.

René Descartes entrait dans sa cinquantième année, sans avoir jamais été malade, si bien qu'il se flattait d'être « maintenant plus loin de la mort que je n'en étais dans ma jeunesse ».

Il avait toujours été préoccupé par l'avancement de la médecine et de la mécanique. Le corps humain étant lui-même d'un mécanisme dont il se flattait de pouvoir analyser tous les rouages en pratiquant des dissections animales.

Il se persuadait que l'on pouvait découvrir une médecine fondée en démonstration infaillible et qu'en connaissant bien la construction du corps humain on devait pouvoir en prolonger la durée.

Il n'osait promettre, à l'issue de ses recherches,

de rendre l'homme immortel, mais était néanmoins certain de pouvoir mener sa propre vie aussi loin que celle des patriarches de la Bible.

Le 4 décembre 1637 n'écrivait-il pas à son ami le mathématicien Christiaan Huygens :

« Je n'ai jamais eu autant de soin de me conserver que maintenant, et au lieu que je pensais autrefois que la mort ne pût ôter que trente ou quarante ans tout au plus, elle ne saurait désormais me surprendre qu'elle ne m'ôte l'espérance de plus d'un siècle. »

Donc René Descartes, installé à Leyde, assez loin de la mer pour ne pas en subir les embruns, sortait peu dans l'échiquier des canaux, cultivait des plantes médicinales dans son jardin, dormait beaucoup, se levait pour écrire quelques pensées ou quelques lettres à ses nombreux correspondants et se recouchait pour méditer.

Rien de plus pervers que ces correspondants lointains auxquels on se croit obligé, par bienséance, de répondre. Rien de plus pervers que ces liens qui se tissent, insidieusement, par-delà les montagnes et les mers, entre un auteur et ses lecteurs.

Que Descartes ait été flatté que la si jeune reine de Suède lui adresse des compliments, rien de plus naturel.

Il résistera longtemps avant de mordre à l'hameçon que Christine glisse dans ses appâts.

Cinq ans de lettres qui deviennent de plus en plus flatteuses, de plus en plus intimes.

Le 1er novembre 1646, il franchit le pas en lui adressant ses *Méditations*.

Deux années déjà qu'ils échangent des lettres, aussi respectueuses que banales.

Ce cadeau d'une de ses œuvres va le faire prisonnier de son illustre admiratrice.

Un mois plus tard Christine lui pose en effet cette question :

«Entre la haine et l'amour lequel des deux dérèglements est-il le plus mauvais ?»

A-t-il conscience du piège ? En tout cas, il met deux mois avant de répondre que l'amour ayant plus de force que la haine, c'est l'amour qui peut causer le plus de mal.

À partir de là, les lettres de Christine se multiplient. L'ambassadeur de France à Stockholm, qui appuie la demande de la reine de faire venir Descartes en Suède, lui précise combien cette souveraine si savante, férue d'ouvrages latins et grecs, aspire à faire de sa capitale une cour d'artistes et d'écrivains et que le philosophe du *Discours de la méthode* en serait le plus bel ornement.

René Descartes répond qu'un homme né dans les jardins de Touraine devrait éviter d'aller vivre dans un pays d'ours, de rochers et de glace.

Il exhorte l'ambassadeur de France de faire en sorte que la reine soit délivrée de sa curiosité, qu'il n'est pas un homme de cour, s'étant toujours éloigné de celle de son propre pays, qu'il craint les naufrages et les voleurs, sans parler des médisances de ceux qui reprocheront à un monarque luthérien de recevoir un philosophe catholique.

Le 27 février 1649 Descartes reçoit l'invitation impérieuse du royaume de Suède, pour le mois d'avril, afin qu'il puisse, s'il le désire, revenir en Hollande l'hiver suivant, évitant la triste saison au climat trop rude.

D'une manière incompréhensible, Descartes répond qu'il préfère s'embarquer en septembre et passer l'hiver en Suède.

Pourquoi différer aussi étrangement son voyage ?

Les malignités épistolaires font que Descartes ne se sent pas prêt parce qu'il n'a pas accompli les exercices de la mondanité. Lui, l'ancien militaire, toujours vêtu sobrement, croit nécessaire de se préparer en courtisan. Il achète des gants à dentelles, se fait boucler et teindre en noir les cheveux, tailler à la mode sa moustache, engage un valet allemand apte aux mathématiques et aux affaires, qui parle le français, l'allemand et le latin.

Le 7 septembre, un vaisseau commandé par l'amiral Flemming arrive à Amsterdam.

Descartes embarque inconsidérément pour son dernier voyage.

Il emporte tous ses manuscrits. Pourquoi tous ses manuscrits puisqu'il doit revenir à la fin de l'hiver ?

Très vite, à la peur du voyage succède la fascination pour la mécanique des voiles et des cordages. Le navire s'engage doucement, glissant sans bruit sur les eaux calmes du port. Face au large, les voiles s'orientent dans un grand claquement de toiles.

Le navire s'élance en creusant un sillon bouillonnant d'écume. Fasciné, Descartes regarde les matelots disputer la toile au vent, ferlant tous ses plis.

Les baies immenses des côtes hollandaises s'éloignent peu à peu. En pleine mer, Descartes n'a plus peur. La mécanique de la navigation l'a saisi et le passionne. Il observe les marins qui se servent des multiples cordages, jouant avec les poulies qui meuvent chaque élément du gréement : drisses, balancines, cargues, écoutes, amures. Il écoute le bruit monotone des vagues, par-temps calme, se laisse bercer par le balancement régulier des flots, par la vibration des câbles.

Lorsque, trois semaines plus tard, il arrive à Stockholm, il a pratiquement oublié Christine. Le plus étrange c'est que la reine l'a également oublié.

Rien n'est prévu pour le recevoir, même pas un logement. Faute d'accueil, il se réfugie provisoirement à l'ambassade de France.

Appelé enfin, quelques jours plus tard, au palais royal, Descartes est conduit devant une petite bonne femme qu'il prend pour une servante. Mais le chambellan qui l'introduit s'étant écrié : La Reine, Descartes est stupéfait. Comment est-ce possible ? Voilà donc, là, la célèbre Christine ! Il croyait rencontrer un bas-bleu. Il se trouve devant une mégère aux lèvres charnues, très rouges, ni poudrée, ni coiffée et qui lui dit en excellent français, d'une voix singulièrement masculine :

« J'aimerais que vous composiez en vers un ballet. »

La reine ne se trompe-t-elle pas de visiteur ? A-t-elle oublié le philosophe qu'elle reçoit si cavalièrement.

Descartes regarde cette femme de petite taille, au dos voûté, qui n'a de majestueux que la croupe, un fessier énorme, insolite pour une jeune femme de vingt-trois ans.

Croyant toujours qu'il y a méprise, il ose rappeler qu'il est venu à la Cour pour donner à la souveraine des leçons de philosophie.

« Bien sûr, dit Christine, nous commencerons une semaine avant Noël. D'ici là vous pourrez vous familiariser avec les mœurs de mon pays. »

Très vite, Descartes souffre du froid glacial. En décembre, la nuit commence à trois heures de l'après-midi et, le matin, la clarté est fort pâle. La lueur des torches, si longtemps allumées, est sinistre.

Désemparé, Descartes écrit : « Il me semble que les pensées des hommes se gèlent ici pendant l'hiver, aussi bien que les eaux. »

Le désir de retourner près de son poêle hollandais le taraude.

Trois jours après sa première rencontre avec la reine, la nouvelle entrevue est plus personnelle. Christine l'informe de son désir de le retenir en Suède en l'incorporant à la noblesse suédoise.

Descartes, épouvanté, refuse cet honneur, disant n'avoir l'intention de rester en Suède que jusqu'à l'été prochain.

Et comme Christine lui parle avec enthousiasme de ses lectures en langue grecque, il s'insurge, traitant la littérature grecque de bagatelle, indigne de l'esprit et de la condition de la souveraine.

C'est s'attirer la haine des grammairiens qui, pour l'instant, ont les faveurs de la reine. Mais Descartes est décidé à dire à Christine tout ce qu'il pense, au risque de lui déplaire, ce qui ne peut que lui donner l'occasion de retourner vite à sa solitude.

Rien de plus étrange à Descartes que de devenir courtisan.

Christine le dispense certes du cérémonial de la Cour, mais exige qu'il vienne lui donner ses leçons de philosophie dans sa bibliothèque, tous les matins à cinq heures.

Descartes n'ose lui dire qu'il a l'habitude de se lever tard, dormant une dizaine d'heures.

C'est donc en plein sommeil qu'il doit emprunter chaque nuit un carrosse qui le conduit au palais royal où la reine, qui se lève à quatre heures, l'attend avec impatience.

– Mes ministres m'assomment, lui dit-elle, avec la multitude de leurs lois. Sont-elles toutes nécessaires ? Sont-elles toutes utiles ?

– Un État, répond Descartes, est bien mieux réglé, lorsque, n'ayant que fort peu de lois, elles y sont étroitement observées.

En réalité, ces rencontres nocturnes avec la souveraine sont moins l'objet de leçons de philosophie que d'un dialogue très libre.

Christine : Quel est le péché suprême ?

Descartes : Rivaliser avec Dieu.

Christine : Les athées doutent de Dieu, mais non des mathématiques.

Descartes : Sans Dieu, même les mathématiques deviennent douteuses.

Descartes s'aperçoit très vite que cette souillon, mal lavée, mal peignée, aux mains crasseuses, est en réalité une personne d'une grande intelligence et d'une extraordinaire culture. Elle lit couramment le latin, le grec, un peu l'hébreu, parle français, anglais, italien, espagnol.

Sa passion de la lecture est telle qu'elle emporte des livres lorsque, à la chasse, elle reste parfois des heures à cheval.

Christine interroge le philosophe sur l'amour, et lui dit que n'ayant jamais été amoureuse, elle ne pouvait juger d'une peinture dont elle ne connaissait pas l'original.

– D'où vient cette impulsion qui nous porte à aimer une personne plutôt qu'une autre ?

Descartes reste un moment silencieux, puis fait cette confidence :

– Lorsque j'étais enfant, en Touraine, une petite fille qui louchait m'attirait particulièrement. Étrange impulsion qui fit que, pendant longtemps, mes désirs me portèrent à aimer des femmes au regard trouble. Jusqu'à ce que je comprenne que c'était un défaut et alors je ne fus plus ému.

Christine : Pourquoi n'acceptez-vous pas la religion de Luther et de Calvin. Comment peut-on être encore catholique ?

Descartes : Je suis de la religion de ma nourrice.

Christine : Pourquoi les habitants du Nouveau Monde refusent-ils le christianisme que leur apportent si généreusement les Espagnols ?

Descartes : Ils refusent le christianisme par un malentendu. Ils craignent que, devenus catholiques, ils soient obligés d'aller au paradis avec les Espagnols.

Christine : Pourquoi avez-vous taillé des verres optiques sous la direction d'un artisan ? Que vouliez-vous voir que Galilée n'avait pas vu ?

Descartes : Simplement, majesté, je voulais voir, avec de grandes lunettes, s'il y avait des animaux sur la lune.

Christine : J'envie votre science.

Descartes : Pour moi je n'ai jamais présumé que mon esprit fût en rien plus parfait que ceux du commun. C'est en s'instruisant que l'on découvre son ignorance.

« Permettez-moi de vous raconter cette anecdote.

« Un jour, mes domestiques me parlent d'un

mendiant qui voulait me causer philosophie et qu'ils avaient chassé, pensant qu'il sollicitait une aumône. Le mendiant revint l'année suivante et je lui fis porter quelque argent, qu'il refusa. Interloqué, je l'accueillis quelques mois plus tard. C'était un cordonnier qui dissertait mathématique avec une grande science. Il est devenu en Hollande un astronome réputé et il publie des textes appréciés par les érudits.

Les relations entre Christine et Descartes devinrent vite tantôt chaleureuses, tantôt méprisantes.

Tous les deux jours, le frileux philosophe devait venir dans une bibliothèque glaciale, après avoir traversé des ruelles enneigées.

Christine lui demanda d'étudier un statut pour une académie savante dont il aurait été membre. Descartes lui proposa plutôt de fonder une école des arts et métiers, avec des salles pour les artisans et les instruments mécaniques, des professeurs de mathématique et de physique.

C'était lui aliéner les beaux esprits qui ambitionnaient de voir s'installer en Suède une réplique de l'Académie française.

Descartes n'avait échappé aux critiques acerbes des théologiens hollandais que pour tomber sous les chicanes des luthériens qui surveillaient étroitement la religiosité de la reine.

Sa religiosité, mais pas sa vertu.

Il arrivait à Descartes de venir au palais pour sa leçon du jour (ou plutôt de la nuit) et de trouver Christine en déshabillé, une favorite sur les genoux.

La femme savante faisait alors place à une harengère au rire hystérique qui se plaisait à choquer le respectueux philosophe.

Cette nuit-là, il ne donnait pas de leçon. C'est au contraire lui qui en recevait une. Une magistrale leçon du souverain mépris des monarques.

Pour Christine, Descartes était un jouet qu'elle se plaisait tantôt à aduler, tantôt à traiter comme un valet.

Il s'apercevait qu'il s'était abusé en Hollande lorsqu'il parlait, avant de la connaître, de la vertu de cette « admirable reine... si éloignée de toutes les faiblesses de son sexe et si absolument maîtresse de toutes ses passions ».

En réalité, Descartes se demandait si elle était vierge ou putain, mâle ou femelle.

Ne disait-elle pas elle-même qu'elle ressemblait à un homme, dont elle avait la voix et même la vulgarité, sifflant, jurant, riant en grasseyant.

Puis elle retrouvait ses manières de grande dame.

Jusqu'au jour où, réunissant sa cour dans le salon le plus luxueux du palais, elle s'asseyait ridiculement sur son trône en relevant ses jupes, jambes écartées, laissant bâiller sa lingerie.

Ses courtisans, habitués à ses manières, oubliaient sa féminité et l'appelaient souvent le roi, ce qui la flattait.

Descartes qui demandait que les passions ou les appétits ne détournent pas d'exécuter tout ce que la raison conseille voyait avec effarement les égarements de la reine.

Que n'avait-il relu, avant de s'embarquer pour la Suède, les dernières lignes de son *Discours de la méthode* :

« Je me tiendrai toujours plus obligé à ceux par la faveur desquels je jouirai sans empêchement de mon loisir, que je ne ferai à ceux qui m'offriraient les plus honorables emplois de la terre. »

Toute sa vie, il avait observé avec constance cette résolution, se tenant aussi bien éloigné de la faveur des grands capitaines lorsqu'il participait à la guerre de Trente Ans, qu'indifférent aux fastes de la cour du roi de France qu'il n'avait jamais approchée.

Sa fortune familiale lui permettait de ne jamais accepter d'autre argent que le doublon d'or reçu en 1618, comme il était de règle pour les engagés chez Maurice de Nassau, et qu'il conserva toute sa vie comme souvenir.

Il l'avait emporté avec lui en Suède, et, parfois, il le retirait de son écrin pour regarder à travers lui les pérégrinations de sa libre jeunesse.

Descartes avait toujours voulu être spectateur plutôt qu'acteur. Il avait tant aimé, aux Pays-Bas, d'y vivre, disait-il, « aussi solitaire que dans les déserts les plus reculés ».

Et voilà qu'il s'était laissé prendre par les prestiges d'une femme dont il s'apercevait, de jour en jour, qu'aussi savante qu'elle fût, elle n'était, comme nous tous, qu'une misérable créature.

Il est venu en Suède pour donner à la reine des leçons de philosophie, et celle-ci exige de son invité qu'il rédige en vers des ballets.

Elle aime danser les ballets que l'on écrit sur elle. Dans le spectacle *Diane victorieuse de l'amour*, elle tient le rôle de Diane qui exprime son aversion pour le mariage.

Satisfaite de son philosophe transformé en poète, elle lui demande de danser le ballet avec elle.

Descartes, effaré, qui n'a jamais dansé, et qui est âgé de cinquante-cinq ans, perçoit le ridicule du couple qu'il formerait avec cette jeune femme, si frivole.

Il ose refuser.

En compensation, Christine lui demande de composer des vers français pour le prochain bal en l'honneur de la paix signée à Münster.

Venu en Suède pour instruire la reine des progrès de la philosophie, en réalité Descartes lui donnera peu de leçons. Seulement quatre entre le

18 et le 31 décembre. La cinquième, le 18 janvier, sera la dernière.

Le froid, l'insomnie, le désarroi de se trouver dans un monde qu'il exècre ont eu raison de sa patience. De retour dans sa chambre, il doit s'aliter, en proie à une forte fièvre.

Lui, qui n'avait jamais été malade et qui disait des drogues et des apothicaires qu'il les avait en si mauvaise estime qu'il n'osait conseiller à personne de s'en servir, se voit soudain confronté aux médecins que lui envoie la reine.

Ceux-ci veulent lui appliquer les deux traitements clefs de l'époque : le lavement et la saignée.

Persuadé que « la saignée abrège nos jours », il refuse avec indignation. Ne prend ni nourriture, ni remède.

Il connaît une émulsion infaillible qu'il demande de lui préparer. Que l'on fasse infuser du tabac dans du vin et il pourra expectorer le sang noirâtre de ses crachats.

Le médecin néerlandais, effaré par cette prescription, jugeant le remède pire que le mal, fait couper le vin de beaucoup d'eau et n'y mêle qu'un peu de tabac.

Descartes a-t-il eu raison de refuser lavement

et saignée ? Le médecin a-t-il eu tort de diluer le remède ?

Toujours est-il que le 11 février 1650, à quatre heures, Descartes expire.

Lui qui avait tant répété qu'il vivrait plus d'un siècle « en évitant les fautes que nous avons coutume de commettre » n'a pas évité la faute suprême, celle de se laisser berner par une folle.

Il a cru que la reine l'aimait (enfin, aimait son esprit) et elle l'a tué.

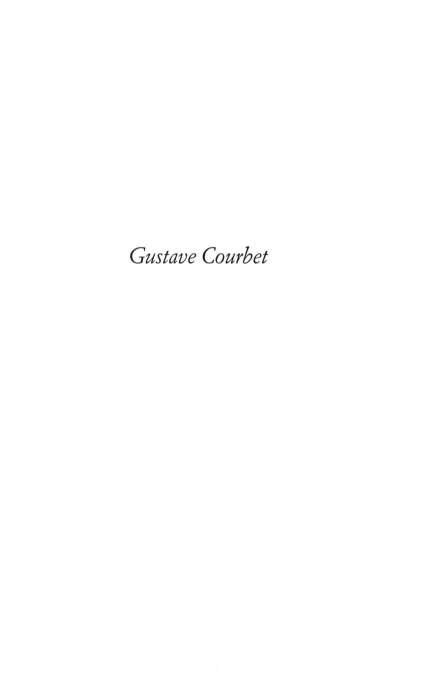

Gustave Courbet

Qui est ce gros homme qui mène une existence villageoise dans ce bourg près du lac Léman ?

Un artiste peintre ? Sans doute. Bien que les deux petites chambres misérables et si basses, obscures, où il loge, ne se prêtent guère à ce métier qui demande de la lumière.

Pourtant, si l'on se risque à monter par un escalier branlant, on arrive dans une pièce où des tableaux s'accumulent.

Sur la cheminée, des couleurs bon marché, dans des pots achetés chez le droguiste. Des chevalets instables, quelques tabourets.

Abordait-on l'artiste, on se trouvait en présence d'un homme obèse, qui se déplace difficilement, mais reçoit le visiteur inconnu avec une aimable simplicité.

Seule obligation : verser cinquante centimes

dans une boîte à cigares comme droit d'entrée avant de monter voir les tableaux, étant entendu que les malheureux qui passent par là peuvent y prélever une obole avant de poursuivre leur voyage.

Au visiteur peu enthousiaste pour ces paysages accumulés dans une seule pièce et qui se souvient du génie de l'exilé, celui-ci s'excuse :

« Ils m'ont pris tout ce que je possédais pour reconstruire la Colonne. Il me faut bien continuer à peindre, sinon comment vivre. »

Qui aurait pu reconnaître dans ce vieillard décati le superbe Gustave Courbet, hier encore si fier de sa prestance et de son immense succès ?

La prison, la maladie, l'exil avaient anéanti le plus célèbre artiste du Second Empire.

Courbet ne savait pas que la chute de Napoléon III, qu'il souhaitait si vivement, serait le prélude à sa propre chute.

Un an avant le désastre de 1870, Courbet atteignait le sommet de sa gloire ; au Salon, son *Hallali du cerf* était placé dans la salle d'honneur. Le roi de Bavière le nommait chevalier de l'ordre du Mérite de Saint-Michel. Il refusait la Légion d'honneur et écrivait à ses parents, avec cette naïveté roublarde qui le caractérisait : « Je suis le premier homme de la France. »

Tout naturellement, la Commune de Paris plaça très haut cet artiste qui avait été l'ami et le disciple de Proudhon. La Commune n'avait-elle pas son canon Courbet acheté avec le prix d'un tableau mis en loterie.

Président de la Commission des artistes, puis élu délégué de la Commune du 6e arrondissement, Courbet exulte.

Le désastre de la Commune, le 29 mai 1871, allait entraîner la chute de Courbet, rendu coupable de la destruction de la colonne Vendôme.

Il l'avait tant réclamé, ce qu'il appelait le « déboulonnement de la Colonne », il l'avait réclamé si fort, que le gouvernement de Mac Mahon le tenait pour responsable, pour seul responsable, ce qui était à la fois odieux et ridicule.

Arrêté le 7 juin, emprisonné à la Conciergerie, puis à l'orangerie de Versailles Courbet, toujours aussi naïvement prétentieux, fait à Jules Ferry et à Jules Simon une proposition absurde qui, plus tard, sera retenue contre lui :

« Puisque l'on s'obstine à me rendre responsable de la chute de cette Colonne, je propose, et on me rendra service en l'acceptant, de la relever à mes frais. »

À ses frais ? La reconstruction de la colonne Vendôme est estimée à trois cent vingt-trois mille quatre-vingt-onze francs soixante-huit centimes, soit quatre fois le montant des crédits d'acquisition des musées nationaux pour la même année. Somme énorme que Courbet, ruiné, ses tableaux mis sous séquestre, est bien incapable de réunir.

Sans aucun doute Gustave Courbet est, après Ingres et Delacroix, et avant Manet, le plus grand peintre du XIXe siècle. Il n'en a jamais douté. Il s'en est même beaucoup glorifié, écrasant tous ses rivaux de sa morgue.

Aussi sa chute brutale, son art voué aux gémonies par ses médiocres concurrents (« Il faut désormais qu'il soit mort pour nous », proclame Meissonnier) l'ont a tel point surpris, étonné, qu'il en est anéanti.

La carrière de Courbet a été scandaleuse de par les sujets de ses tableaux et sa manière si violente d'étaler ses couleurs au couteau et en même temps extrêmement brillante.

Il a été l'artiste le plus moqué, mais aussi le plus célébré. On a vanté sa beauté physique, son génie de la réclame, la fécondité de son talent.

Lorsque le Second Empire s'éteint, il est l'artiste le plus fêté et le plus influent auprès de ses jeunes confrères qui, dans peu d'années, vont créer l'impressionnisme.

Et, en quelques mois, tout s'écroule. Arrêté, lors de son parcours à pied, de Paris à l'orangerie de Versailles, on lui crache au visage, une femme lui casse une ombrelle sur la tête, des enfants lui lancent de la boue.

Le conseil de guerre siégeant à Versailles lui prépare un « grand procès ». N'est-il pas le plus connu des membres de la Commune ? Le tribunal veut faire de cet accusé exceptionnel un exemple.

On y affecte une salle de deux mille places, où des fauteuils de velours rouge sont réservés aux personnalités de haut rang. Trois cents sièges sont dévolus aux députés. Des officiers d'état-major, en grand uniforme, conduisent les dames à leurs places.

Mais Courbet est à peine reconnaissable. Il est abattu, malade et a perdu sa légendaire robustesse. Procès interminable où Courbet fond réellement sur sa banquette. À tel point que, chaque jour, une flaque humide marque sa place. Le gardien la montre aux curieux qui visitent la salle dans l'intervalle des séances et il leur dit : « Voici l'endroit où M. Courbet transpire tous les jours, depuis trois semaines, de midi à six heures du soir. »

Naïf et mégalomane, Courbet ne comprend rien à ce qui lui arrive. Finalement la cour se montre indulgente au regard des condamnations à mort de Ferré et de Rossel, ses co-accusés.

Six mois de prison. Il considère à juste titre qu'il l'a échappé belle, ignorant que l'accusation d'avoir provoqué, comme membre de la Commune, la destruction de la colonne Vendôme va empoisonner les dernières années de sa vie.

Le 19 juin 1873, le ministre des Finances ordonne la séquestration de tous les biens de Courbet.

La saisie-arrêt de son atelier de la rue Hautefeuille est suivie de la confiscation de toutes ses autres propriétés personnelles et de ses comptes dans les différentes banques et auprès des marchands de tableaux.

Courbet n'a d'autre choix que l'exil.

Le 23 juillet il arrive en Suisse, de l'autre côté de ses chères montagnes jurassiennes.

Au bord du lac Léman, dans une maison de pêcheur, il se lève tard, s'attarde au Café du Centre puis revient chez lui et se met à peindre jusqu'au soir.

Cet exil aurait été idyllique si ne s'était engagé à Paris un procès pour la reconstruction de la Colonne. Son renversement était devenu, en quelques années, comme le symbole des crimes de la Commune.

Une haine démentielle, haine de classe contre le fils de paysans franc-comtois, haine du Parisien contre le provincial, pousse à des déclarations ignobles contre le vaincu.

Alexandre Dumas fils ose écrire : « Sous quelle cloche, à l'aide de quel fumier, par suite de quelle mixture de vin, de bière, de mucus corrosif et d'œdème flatulent a pu pousser cette courge sonore et poilue ? »

« De quel accouplement fabuleux d'une limace et d'un paon, de quelles antithèses génétiques, de quel suintement sébacé peut avoir été généré, par exemple, cette chose qu'on appelle M. Gustave Courbet ? »

Et Barbey d'Aurevilly souhaite que l'on « montre à toute la France le citoyen Courbet scellé dans une cage de fer sous le socle de la Colonne ».

Terrassé par la monstruosité du nouveau procès qui lui est intenté, Courbet a ces mots désenchantés :

« Aujourd'hui j'appartiens nettement, tous frais payés, à la classe des hommes qui sont morts, hommes de cœur, et dévoués, sans intérêts égoïstes à la République et à l'Égalité. »

L'obésité de Courbet suscite la verve des caricaturistes. Courge, citerne, existe-t-il un peintre plus caricaturé que Courbet ? Certainement non. La figure gargantuesque de Courbet est partout. Gargantuesque puisque toujours dessiné énorme, ventru, fessu, fumant la pipe, sa palette et ses dessins en bandoulière. Tout est ridiculisé. Aucun tableau de Courbet ne trouve grâce aux yeux des caricaturistes qui tournent en dérision les œuvres que l'on va aujourd'hui admirer au musée d'Orsay.

Edmond de Goncourt, le 15 mars 1872, alors que Courbet venait de purger sa peine de six mois de prison et que nombre de ses tableaux avaient été volés pendant son absence, notait dans son *Journal* : « La bêtise de Courbet, une bêtise qui arrive à être drolatique à force d'être bête (…) Dans ce moment-ci il est assommé, il se tient coi, il est presque modeste, il ressemble à un chien qui vient de recevoir une affreuse raclée. »

On se moque ignominieusement du Courbet vaincu, humilié, ruiné, prématurément vieilli, mais ce Courbet-là conserve néanmoins ses fidèles.

Sous l'influence de Courbet s'est créée en Suisse une école de paysagistes régionaux qui lui vouent un véritable culte. Cherubino Pata (1827-1899), Suisse du Tessin, que Courbet avait rencontré à Paris pendant la Commune, contribue beaucoup à ce que l'auteur de l'*Enterrement à Ornans*, accablé et proche du désespoir, reprenne ses pinceaux. Il l'entraîne dans les montagnes pour l'inciter à peindre, l'aidant au besoin à étaler les couleurs.

À la fois son assistant et son homme d'affaires, Pata ne quitte guère Courbet dans les dernières années de sa vie. Dans cette sorte d'atelier collectif qui s'organise en Suisse autour d'un Courbet affaibli et démoralisé, Pata est, en quelque sorte, l'ultime disciple.

Même si la postérité de Courbet ne doit pas être cherchée dans son école de paysagistes jurassiens, animée par Pata, mais à Paris du côté de ceux que l'on appellera bientôt les impressionnistes.

On peut s'étonner qu'aucun d'entre eux ne soit venu en Suisse pour rendre hommage à celui qu'ils considéraient comme leur véritable initiateur. Mais, en dépit du succès qui s'affirme peu à peu, la plupart demeuraient très pauvres et un voyage pouvait excéder leurs moyens.

Lorsque la première exposition des impressionnistes fut inaugurée, le 15 avril 1874, Courbet, dans son exil, ne semble pas avoir été informé de ce qui, à Paris, prolongeait et magnifiait son œuvre.

Sans doute les exilés de la Commune qui le fréquentent, comme les peintres paysagistes régionaux qui l'entourent, prêtèrent-ils peu d'attention à cette exposition dont l'importance historique ne sera reconnue que beaucoup plus tard.

De toutes manières, Courbet vaincu, exilé, malade, accorde moins d'intérêt à ce qui se passe à Paris, qu'aux petites cérémonies villageoises auxquelles il est convié : chorale de Vevey, distribution de prix dans les écoles, défilés avec écharpes et bannières aux fêtes des sociétés de gymnastique.

Lorsque meurt Corot, le 22 février 1875, à soixante-dix-neuf ans, une foule immense se presse à ses obsèques. En Suisse, Courbet qui n'a que cinquante-six ans, s'alcoolise de plus en plus. La bière lui étant interdite par les médecins, il lui substitue le cognac, puis l'absinthe.

Malgré son obésité, il marche toujours avec entrain. Vers Genève ou dans le canton de Fribourg. Il part sans bagage, avec seulement une chemise de rechange, abandonnant dans les hôtels ce qu'il a acheté.

De Paris n'arrivent que de mauvaises nouvelles. Son atelier de la rue Hautefeuille a été mis sous scellés. Son marchand, Durand-Ruel, qui lui doit trente-trois mille francs, ne peut rien lui payer puisque tous ses biens sont saisissables. Le gouvernement fait même opposition à la succession de sa mère et de ses sœurs.

Courbet ne vend plus rien en France et, en Suisse, les acheteurs se raréfient.

En décembre, Jules Simon formant un nouveau gouvernement, l'espoir revient. Mais de courte durée. Courbet écrit à son père :

« Quand on est dans le malheur personne n'ose plus s'occuper de vous. Tous les hommes de France que je connais, tous mes amis, personne ne bouge plus, et chacun tremble comme la feuille. Tous ces gens mendient la république. Mon ami Jules Simon, qui est président des ministres, est celui qui fera le moins pour moi. »

De Paris, son avoué lui conseille d'accepter la proposition du gouvernement de payer les trois cent vingt-trois mille francs, auxquels il est condamné, par annuités de dix mille francs. Courbet, épouvanté, refuse d'abord puis, par lassitude, accepte.

Comme Courbet avait alors cinquante-huit ans, il était donc tenu, par ce procès ubuesque, à verser à l'État dix mille francs par an, pendant trente-deux ans, soit jusqu'à l'âge de quatre-vingt-dix ans.

En juin 1877, Durand-Ruel est prié de livrer à l'État le portrait que Courbet a fait de Proudhon. Les saisies-arrêts se multiplient. *Les Demoiselles de village* jadis achetées par Morny, échappant au séquestre, est vendu par les héritiers aux États-Unis. Le 26 novembre, des tableaux, meubles et objets d'art, saisis dans l'atelier parisien de Courbet, sont bradés à l'hôtel Drouot pour des sommes dérisoires.

L'étendue des eaux du lac lui rappelle sa passion de la mer, les beaux jours sur les bords de la Méditerranée lorsque son premier grand collectionneur, Alfred Bruyas, qui lui avait acheté *Les Baigneuses*, l'avait invité à Montpellier. Gustave avait « immortalisé » cette rencontre en peignant son étonnant et mégalomaniaque *Bonjour Monsieur Courbet*.

Elles lui rappellent aussi sans doute Honfleur, son vieil ami Charles Baudelaire et ce jeune peintre de dix-huit ans nommé Claude Monet, son plus talentueux disciple.

Mais, pour l'instant, il écope d'une amende pour s'être baigné nu dans le lac. Décidément, il n'en finira jamais avec les autorités.

Ses excès de boisson ne cessent de lui altérer la santé. Invité à Genève par l'association de tir cantonale, qui se souvient de ses spectaculaires tableaux de biches, de cerfs, de renards, il se cogne contre la porte de l'hôtel et se blesse à la tête et au genou.

Son hydropisie prend des proportions phénoménales. Il mesure cent quarante-cinq centimètres de tour de taille.

Son obésité est telle que, ne pouvant passer par la porte trop étroite du compartiment des voyageurs lorsqu'il va à La Chaux-de-Fonds pour se soigner par des bains de vapeur, il doit se contenter d'un wagon de marchandises ouvert à deux battants.

Soulagé par des ponctions, il se fait installer dans une pièce de sa maison où, de son lit de fer, il voit le lac.

En décembre, il écrit à son fidèle critique d'art Castagnary :

« Je me demande comment je devrais m'y prendre pour payer la reconstruction de la Colonne. Dans tout le courant de cette année il a été impossible de vendre des tableaux et, en outre, depuis cinq mois je suis affligé d'une maladie très grave qui m'a empêché depuis cette époque de me mettre au travail. »

Des amis lui ayant envoyé une corbeille de fruits, présent si précieux au sein de l'hiver, il regarde longuement les fruits sans oser y toucher.

Comme plusieurs jeunes filles et leur mère viennent lui rendre visite, il regrette de ne pouvoir faire leur portrait. Cherchant sur les murs un tableau qu'il eût pu leur offrir et ne trouvant rien, il se ravise et distribue les fruits aux demoiselles.

Le 24 décembre, le médecin diagnostique une cirrhose du foie. Tandis qu'il agonise, le médecin propose de mouler le visage de Courbet. Son vieux père, venu d'Ornans, s'y oppose : « Ce n'est pas la peine, il y a assez de ses portraits à la maison. »

Tous les proscrits de la Commune, exilés en Suisse, accourent pour les obsèques.

En un dernier défi à l'État qui le persécutait, Courbet meurt le 31 décembre 1877, la veille du jour prescrit pour le premier versement dû pour la reconstruction de la colonne Vendôme.

Qui ne sera donc jamais acquitté.

Alphonse de Lamartine

Le 30 décembre 1848, Victor Hugo se trouve chez Alphonse de Lamartine :

« On parle de l'élection du Président. Monsieur de Lamartine, blanc, courbé depuis février ; vieilli de dix ans en dix mois, était calme, souriant et triste. Il prenait avec gravité son échec. "Je n'ai rien à dire, le suffrage universel m'a conspué. Je n'accepte ni ne refuse le jugement. J'attends."

« Toujours le même : noble, tranquille, généreux, tout entier au pays, poussant le patriotisme jusqu'au dévouement, et le dévouement jusqu'à l'abnégation. »

Alphonse de Lamartine est tombé de son piédestal. La gloire l'avait porté presque à la présidence de la IIe République. Mais qu'allait faire le poète du *Lac* dans cette pétaudière ?

Pendant les barricades, monté sur sa jument noire à front blanc, sa popularité était si forte qu'elle lui avait permis sans émeute de refuser le drapeau rouge, imposant les trois couleurs de la Révolution et de l'Empire.

Le peuple l'avait choisi pour le représenter au sommet de l'État, mais les politiciens, très vite, comme il se doit, lui firent des crocs-en-jambe.

Au plus fort de sa gloire, n'avait-il pas confié à Victor Hugo :

« Ah ! mon ami, que ce pouvoir révolutionnaire est dur à porter ! »

Le pouvoir soi-disant révolutionnaire préférant à Lamartine le général Cavaignac, les députés l'obligent à se démettre et donnent les pleins pouvoirs au militaire. Comme les révolutions se ressemblent !

Lamartine ne s'aperçoit pas qu'il est déjà tombé de très haut. Il accuse Cavaignac d'avoir laissé s'étendre et s'organiser l'insurrection de juin afin d'écraser plus facilement la révolte populaire.

C'est exact. La bourgeoisie acclame Cavaignac qui l'a délivré d'une possible révolution.

Cavaignac se porte candidat à la présidence de la République contre Lamartine. Il y a bien un troisième postulant, le prince Bonaparte, mais ni Lamartine, ni Cavaignac, ne le prennent au sérieux.

Résultat invraisemblable : cinq millions de voix pour le prince, un million et demi pour Cavaignac et un peu moins de dix-huit mille voix pour le poète.

Pas un échec, une gifle. Comment l'immense popularité de Lamartine a-t-elle pu se dégonfler si vite ?

La défaite politique de Lamartine est si inattendue, si considérable, qu'il en est anéanti.

Honoré de Balzac, stupéfait par la métamorphose qui s'est opérée chez le poète, écrit :

« Quelle destruction au point de vue physique. Cet homme de cinquante-six ans en paraît au moins quatre-vingts. Il est détruit, fini (…) Il est consumé d'ambition et dévoré par ses mauvaises affaires. »

Comment une élection au suffrage universel avait-elle pu rejeter aussi violemment celui qui, hier encore, était si populaire ?

Mais, comme le sait Balzac, l'ambition consume et les mauvaises affaires vous dévorent.

Lamartine dit encore à Hugo :

« J'eusse accepté du Président de la République un ministère quelconque, le dernier, celui dont personne n'aurait voulu. »

Modestie, ou fausse modestie, Victor Hugo n'est pas dupe :

« En parlant ainsi il entendait au fond de sa conscience une voix qui lui disait : "Et plus ce ministère aurait été petit, plus tu aurais été grand." »

Lorsque Lamartine retourne dans sa campagne bourguignonne, il reçoit néanmoins un sursaut de popularité.

Paysans, ouvriers, gardes nationaux, vignerons, accourent pour le saluer. Des délégations se suivent qu'il accueille du haut du perron de son château. Conseillers municipaux, orphéons, brandissant des drapeaux tricolores, lui donnent soudain l'illusion de ne pas avoir été trahi.

« Je vous rapporte une révolution innocente », proclame-t-il.

La IIe République, bientôt étranglée par Napoléon III, Lamartine sera de plus en plus éclipsé.

De 1851 à sa mort en 1869, pendant dix-huit ans, il va subir à la fois les ravages de la vieillesse et de l'abandon.

De la pauvreté aussi, pour lui qui a toujours été prodigue. Pauvreté relative puisqu'il demeure châtelain et propriétaire rural.

Mais il est un aussi mauvais homme d'affaires qu'il a été un mauvais politicien. Il achète à crédit la récolte des vignerons pour la revendre aussitôt à perte. Il dissipe les deux ou trois millions de ses héritages, la dot de sa femme et les six millions de ses droits d'auteur, met ses terres en loterie.

Sa vieillesse est un désastre.

Il essaie de se sauver par l'écriture, mais son génie l'a abandonné.

Il publie des ouvrages de compilation : *Histoire de la Restauration*, *Histoire de la Turquie*, *Histoire de la Russie* et six volumes de *La France parlementaire*.

On est bien loin de la passionnée *Histoire des Girondins* !

Puisque l'on édite par souscription ses *Œuvres complètes* en quarante volumes, ne sous-entend-on pas que son œuvre est terminée.

« Je copie toute la journée, dit Madame de Lamartine et j'ai beau faire je ne puis copier aussi vite qu'il écrit. »

On engage comme copiste des manuscrits le maître d'école de Saint-Point.

À Paris, le rez-de-chaussée de sa maison, rue de la Ville-l'Évêque, est transformé en atelier de librairie.

Lamartine s'imprime et s'édite, devenu aussi besogneux que feu Balzac.

Il achète très cher des pages de publicité dans les journaux pour lancer ses livres.

Lamartine a toujours été un joueur. Dans sa jeunesse sa mère ne devait-elle pas le tirer d'embarras quand il se ruinait aux cartes.

Mais on est bien loin de l'auteur des *Méditations poétiques* ou de *Jocelyn*. Ses ouvrages bâclés le discréditent.

Et puis, des auteurs plus jeunes, plus en phase

avec leurs contemporains, lui enlèvent peu à peu ses lecteurs.

En 1857 deux titres enterrent le romantisme : *Les Fleurs du mal* de Baudelaire et *Madame Bovary* de Flaubert.

Flaubert qui se plaît sous Badinguet, paré des atours de la princesse Mathilde, déteste Lamartine et ses « phrases femelles ».

Il qualifie *Graziella* d'« ouvrage médiocre » et se moque de la pudeur de l'auteur : « La baise-t-il ou la baise-t-il pas ? » « Ce ne sont pas des êtres humains, mais des mannequins (...) La vérité demande des mâles plus velus que M. de Lamartine. »

Peut-être Flaubert est-il plus velu que Lamartine. Mais jamais il n'a été gratifié de la beauté du jeune poète aux cheveux bouclés et au visage délicat, qui ressemblait à un ange.

J'entends Flaubert ricaner : « Et vous en avez vu, des anges ? »

Le vieux Lamartine ramène ses cheveux blanchis sur son front, pour masquer sa calvitie. Il a beaucoup maigri, néglige sa tenue. Sa figure s'est creusée.

Chaussé de sabots, engoncé dans sa grande

pelisse hongroise il s'est transformé peu à peu en vieillard solitaire.

« Mon siècle, sept fois m'a abandonné », murmure-t-il.

À Émile Ollivier qui lui rend visite, il s'exclame :

« Voulez-vous voir l'homme le plus malheureux qui existe ? Regardez-moi ! Le jour, c'est supportable, mais les nuits ! Les nuits ! Je me serais tué si je n'avais pas cru en Dieu ! »

Il est vrai que Lamartine a toujours eu le goût de la plainte et du gémissement, partageant ce travers avec la plupart des poètes romantiques. Toutefois, lorsqu'il dit : « Je ne vis pas, je survis », ou « Je vieillis sans postérité dans ma maison vide », il prononce une évidence.

Dans son fauteuil il regarde ses visiteurs et les laisse parler entre eux, ne prenant pas part aux conversations.

« J'ai bien gagné le droit de me taire. »

Alfred de Vigny, retiré en Charente, dans son château de Maine-Giraud, est également dans l'ombre et considère que sa vie est ratée. Jusqu'à sa mort, en 1863, il admirera passionnément Lamartine, mais ces deux solitaires, ces deux abandonnés, sont géographiquement trop loin l'un de l'autre.

Hugo est encore plus loin puisqu'il s'est exilé à Guernesey. Et non seulement l'exil ne le discrédite pas, mais il vivifie son génie.

En 1853 lisant *Les Châtiments*, Lamartine pour qui tout pamphlet est insupportable, s'écrie, horrifié : « Six mille vers d'injures ! »

Sans doute le bannissement spectaculaire de son vieil ami et sa gloire littéraire sont-ils durs à digérer.

Lorsque, en 1856, Hugo publie *Les Contemplations*, devant le succès de ces poèmes, Lamartine reste douloureusement muet.

Quand paraît *Les Misérables* il publie un article amer :

« Ce livre est dangereux... C'est la passion de l'impossible... L'opposition qui existe entre nos idées... »

Le rejeté, le vaincu de 1848, se dresse contre le socialisme égalitaire.

Blessé, mais toujours compatissant pour Lamartine, Hugo réplique : « Essai de morsure par un cygne. »

Hugo sera l'un des rares écrivains à ne jamais vieillir, à ne jamais être disgracié.

Lorsqu'il revient en France, un an après la mort de Lamartine, après dix-huit ans d'exil, non seulement il n'est pas oublié, mais il va devenir, sous la IIIᵉ République, un modèle, plus : un mage. Non seulement il survivra à sa génération, ce qui est toujours un miracle, mais il sera déifié par la suivante.

En 1862, Lamartine n'a plus que sept ans à vivre. Ou plutôt à survivre.

À l'opposé de Hugo, il s'enfonce dans une sorte de nihilisme politique.

« Quant à la politique, dit-il, je m'en fiche et je suis à peu près comme le pays. »

Que le leader républicain de 1848 est loin !

L'amertume et l'angoisse financière ont brisé à la fois le poète et l'homme politique.

« Le bruit se répand, dit-il, que je n'ai pas de capital pour terminer dans l'année mes Œuvres Complètes auxquelles il manque cent soixante mille francs. Je cherche de tous côtés des ressources, mais je n'en trouve pas. Jusqu'ici, tous mes créanciers et tous mes ennemis se sont donné rendez-vous sur mes ruines. J'aurais voulu sauver

Saint-Point pour ma femme et Valentine, mais le Crédit Foncier s'y oppose. »

Le château de Saint-Point que ses visiteurs s'étonnent de trouver peu ressemblant à sa légende. Un badigeon jaunâtre recouvre les pierres.

« Les ruines sont bonnes à décrire, pas à habiter », maugrée-t-il.

Ce vieux château est quand même celui d'un homme de la noblesse, ruiné sans doute, discrédité, mais qui lui permet de conserver l'illusion de garder son rang.

Lorsqu'une délégation de jeunes filles vient apporter ses hommages à l'auteur des si lointaines *Méditations poétiques*, Lamartine est si vieux, si décrépit, qu'il ne veut pas les recevoir.

Ses domestiques lui imposent cette corvée. En toute hâte ils lui font revêtir ses plus beaux habits et on le sangle dans son corset.

En descendant l'escalier pour aller vers le perron où des gerbes de fleurs l'attendent, il aperçoit, dans la salle à manger, au milieu de la table, un grand plat de crème au chocolat.

Le vieillard se précipite vers cette gourmandise

et, dans sa hâte, barbouille sa cravate, son gilet et sa redingote.

Considérant que le poète n'est plus présentable, les domestiques congédient les jeunes filles, les avertissant que la cérémonie est annulée.

Knut Hamsun

Le 7 mai 1945, Marie, l'épouse de Knut Hamsun, lui crie à l'oreille (il est très sourd) :

– Hitler est mort.

Et comme Hamsun semble ne pas comprendre, elle hurle :

– L'Allemagne a capitulé.

Hamsun, impassible, se contente de dire :

– Je vais écrire sa rubrique nécrologique.

– Tu seras bien le seul, réplique Marie.

Hamsun envoie son éloge funèbre au journal d'Oslo auquel il collabore régulièrement :

« Il était un guerrier pour l'humanité, un prophète de l'Évangile et de la justice pour toutes les nations. »

Qu'un écrivain aussi illustre, Prix Nobel en

1920, auteur d'une quarantaine d'ouvrages admirés par des auteurs aussi différents que Thomas Mann, André Gide, Gorki, Wells et Henry Miller puisse écrire de telles âneries est aberrant.

Hamsun, dès que les troupes allemandes envahissent la Norvège exhorte ses compatriotes à ne pas s'opposer à l'occupation du pays.

Pour lui, l'ennemi c'est l'Angleterre.

« Il faut mettre l'Angleterre à genoux », profère-t-il.

Son anglophobie est délirante.

Persuadé que les Anglais et les Américains sont responsables de l'internationalisation de cette modernité qu'il exècre, il déclare :

« Un jour l'Allemagne châtiera à mort l'Angleterre. C'est une nécessité naturelle. »

Et encore :

« L'Allemagne est et reste plus proche de mon cœur germanique. »

La Norvège, il le rappelle avec force, n'est-elle pas une branche nordique de la germanité. Et il croit que le nazisme fera renaître la vieille Norvège des Vikings.

L'œuvre si singulière de Kunt Hamsun s'explique à la fois par son autodidactisme, son perpétuel vagabondage et par la situation si particulière de son pays natal auquel il sera si attaché, la Norvège ne retrouvant son indépendance qu'en 1905. Hamsun a déjà quarante-six ans.

Pays peu peuplé, sans grandes agglomérations, où la culture paysanne est prépondérante, Hamsun appartient à ce monde d'agriculteurs, de marins, de vagabonds, de marginaux. Marginal lui-même et vagabond pendant sa jeunesse, son œuvre célèbre l'errance, la fuite, les délires de l'individu. Plus il vieillit, plus il défend les valeurs traditionnelles et les splendeurs de la nature.

« Il n'existe pas, écrit-il, de splendeur comparable au murmure dans la forêt. »

Misogyne, comme Strinberg et Ibsen, d'où sans doute sa vie orageuse avec Marie, de vingt-cinq ans sa cadette, avec laquelle les conflits sont permanents.

Bien avant le nazisme, c'est l'Allemagne qui a assuré son succès international. Thomas Mann, Stefan Zweig, Robert Musil, admiraient Hamsun.

En 1933, Hamsun est septuagénaire. Le nazisme qui s'oppose violemment au monde anglo-saxon qu'il déteste, lui paraît accomplir ses rêves passéistes.

Sa rencontre avec Hitler, en juin 1943, aurait dû le détromper. Lorsque Hamsun attaque Terboven, gouverneur allemand de la Norvège, lorsqu'il dénonce les arrestations et les tortures des Norvégiens qui se sont « égarés » dans une Résistance qu'il déplore, Hitler s'irrite de ce patriotisme norvégien de Hamsun qu'il juge stupide à l'heure où le Troisième Reich a entrepris la réunification de tous les peuples germaniques.

De plus, chose singulière, qui agace Hitler, Hamsun le germanophile ne parle pas allemand et s'exprime en anglais, dans cette langue du pays détesté.

L'entrevue, d'abord chaleureuse, tourne court.

Malgré les apparences, Hamsun ne sera jamais, à proprement parler, un « collaborateur ».

S'il fréquente Quisling, le chef du gouvernement norvégien néo-nazi, même s'il a des contacts avec Terboven, le gauleiter, c'est essentiellement pour plaider auprès d'eux la clémence ou la grâce en faveur des résistants norvégiens emprisonnés, torturés, passibles de la peine de mort.

Pendant l'occupation de la Norvège, les demandes de grâce affluent chez Hamsun qui multiplie ses interventions auprès des nazis.

La souveraineté norvégienne retrouvée, la justice, plus clémente que celle de la plupart des pays d'Europe occidentale, ne sait quoi faire de Hamsun. Quisling a été fusillé et Terboven s'est donné la mort. On se contente d'arrêter Marie qui, elle, était foncièrement collaboratrice. Condamnée à trois ans de prison, elle les consacre à tricoter des chaussettes.

Pendant ce temps, Knut Hamsun réclame en vain qu'un procès lui soit intenté.

Embarrassé avec cette gloire nationale qui s'est si mal conduite, on décide finalement de l'interner dans une maison de repos. N'est-ce pas un vieillard de quatre-vingt-six ans, coupé du monde par son extrême surdité ?

Mais le vieillard s'obstine à vivre et même à écrire.

Ne serait-ce pas un malade mental ? Ce qui expliquerait son incompréhensible attitude pendant la guerre ? On l'enferme alors dans une clinique psychiatrique où les interrogatoires aberrants du professeur Langfeldt laissent à penser que la folie était plutôt le lot du médecin que de son célèbre patient.

Lorsqu'on lui montre un film sur les camps de concentrations nazis et l'horreur de la Shoah, Hamsun est stupéfait. Il ne savait pas. Il n'a jamais rien su. Il vivait dans son monde fabuleux et périmé, isolé dans sa célébrité.

Il s'obstine à exiger un procès que, finalement, on lui accorde à regret, en 1948.

Il y revendique ses opinions et ses actes.

« Ce que j'ai fait est allé de travers, dit-il. Personne ne me disait que ce que j'écrivais était mal. J'ai perdu et je dois l'assumer. Je n'ai jamais cru être un traître. »

Hamsun ne subira pas le sort pitoyable que les États-Unis réserveront à Ezra Pound. On le libère en effet assez vite, tout en le condamnant à une lourde amende : trois cent vingt-cinq mille couronnes.

Outre le fait d'être ruiné, son châtiment sera

son interminable vieillesse, hantée par la sénilité. Il vivra en effet très vieux et en très mauvaise santé, jusqu'en 1952, mourant âgé de quatre-vingt-treize ans.

Pierre Kropotkine

En 1917, alors que s'effondre en Russie un pouvoir tsariste qui semblait inébranlable, Pierre Kropotkine vit en Angleterre depuis trente ans. Sa santé est mauvaise. Il a subi deux opérations, ne circule plus qu'en fauteuil roulant et ses poumons, en mauvais état, font craindre une pneumonie.

Mais le vieil homme n'hésite pas. Toute sa vie il a attendu cette nouvelle merveilleuse : le peuple russe s'est soulevé contre ses oppresseurs. La révolution mondiale éclate dans son propre pays, d'où il était banni depuis quarante ans.

Accompagné de sa femme, il embarque anonymement sur un bateau pour la Finlande. Il a soixante-quinze ans, Sophie soixante. Ils partent pratiquement sans bagages, sans ressources. Ils veulent être là où une nouvelle histoire des hommes commence.

Cette nouvelle histoire, ces nouveaux temps, ne les a-t-il pas préparés toute sa vie. Bakounine est mort depuis 1876, Karl Marx il y a plus de trente ans. L'influence de Kropotkine est considérable dans toute l'Europe et aux États-Unis. Il ne doute pas (comment pourrait-il en douter ?) que cette révolution en marche, en Russie, va appliquer sa théorie du dépérissement de l'État.

L'accueil qui lui est fait en Norvège et en Suède par des manifestations ouvrières, les soixante mille personnes qui l'attendent à Petrograd en chantant *La Marseillaise* et jusqu'à Kerenski, chef du gouvernement provisoire, qui lui offre d'entrer dans le ministère, tout lui confirme que la Russie révolutionnaire l'attend.

Kropotkine refuse le poste ministériel, mais (nul n'est parfait) accepte une pension de dix mille roubles et un logement au palais d'Hiver.

En réalité Kropotkine ne s'aperçoit pas que ceux qui l'accueillent le plus chaleureusement sont des hommes du passé. Kerenski n'est qu'un politicien en sursis. Et le prince Lvov, qu'il se plaît à rencontrer, n'a été accepté par les révolutionnaires que pour faire la transition entre le temps du tsar et celui de ces hommes nouveaux que sont Lénine, Trotsky, Staline.

Ces derniers ne pardonnent pas à Kropotkine son approbation de la guerre mondiale contre l'Allemagne. Kropotkine ne sait pas que les soldats russes ne veulent plus se battre, qu'ils désertent en masse.

L'accueil qui lui est fait est trompeur. Lorsqu'il écrit : « Le véritable parti anarchiste, dans le vrai sens du mot, est en train de se former pour de bon en Russie », il ne s'aperçoit pas que les anarchistes russes n'acceptent son chauvinisme que par respect pour son œuvre et son grand âge. Il ne s'aperçoit pas que les anarchistes russes, qui ont participé avec tant d'enthousiasme aux combats contre les forces tsaristes, sont déjà en déclin. Ce sont les socialistes-révolutionnaires, les mencheviks et les bolcheviks qui partent à l'assaut du pouvoir. Ce pouvoir dont il a toujours cru qu'il ne fallait pas le conquérir, mais le détruire.

Ceux qui sont en train de conquérir le pouvoir voient l'arrivée de Kropotkine comme fâcheuse. Lénine parle du « lamentable destin du bourgeois

Kropotkine». Trotsky le traite de sénile et Staline de «vieux fou».

En juillet, les bolcheviks tentent de s'emparer du gouvernement. Le prince Lvov rend visite à Kropotkine dans ce palais d'Hiver où le vieil anarchiste ne prend pas encore conscience de l'anomalie de sa situation. Le peuple le boude, alors que cet aristocrate l'admire. N'a-t-il pas plaisir à converser avec cet homme du passé ?

– Nicolas n'a rien voulu comprendre et a mené le pays à la ruine, dit le prince Lvov. Notre temps est fini.

– Mais non, cher ami, les temps nouveaux commencent.

– Des temps nouveaux qui ne seront ni pour moi, ni pour vous. Avant qu'il ne soit trop tard, je pars pour le sud. Accompagnez-moi.

– Comment pourrais-je accomplir un aussi long voyage, dans l'état de santé délabré où vous me voyez ?

– Vous croyez qu'ils vous aiment, Pierre, vous vous trompez. Ils vous détestent comme ils me détestent. Ils tueront le tsar et ensuite ils vous massacreront vous et vos disciples libertaires. Ils ont horreur de la liberté, ne le comprenez-vous pas ?

Vous êtes pour eux un otage qu'ils supporteront tant que vos disciples ne les gêneront pas trop.

— Alors, vraiment, vous partez ?

— Je ne pars pas, je m'enfuis. Kerenski ne tiendra pas. Il faudra qu'il leur cède la place. Lui aussi va s'enfuir, vous verrez. Vous abandonner parmi eux me cause un grand chagrin.

Très ému, Kropotkine serre le prince Lvov dans ses bras, qui fond en larmes.

— L'avenir n'est ni pour les miens, ni pour les vôtres, dit Lvov.

Le départ précipité du prince Lvov déconcerte Kropotkine. Il ne comprend pas pourquoi les soldats russes refusent de se battre contre les Allemands. Les déserteurs affluent dans les rues de la capitale. Le cours pris par cette révolution le déconcerte. Il soupçonne (il n'est pas le seul) que les bolcheviks sont à la solde des Allemands. Il souffre de l'indifférence, à son égard, de la population ouvrière qui ignore son œuvre.

Dès avril 1918 la répression bolchevique contre les anarchistes commence. Les périodiques libertaires sont supprimés, leurs rédacteurs arrêtés. Kropotkine est stupéfait.

Faible, il marche avec peine. La famine, qui menace la Russie, l'épouvante. Aux leaders anarchistes Voline et Maximov qui viennent lui rendre visite, il dit :

– L'avenir est noir…

Le pouvoir grandissant de Lénine l'effraie.

– Lénine, dit-il à ses visiteurs, ne peut être comparé à aucune autre figure révolutionnaire de l'histoire. Les révolutionnaires avaient des idéaux. Lénine n'en a aucun. C'est un fou… Il est prêt à trahir la Russie pour faire une expérience.

Toutefois, malgré ses violentes critiques, Kropotkine n'est pas inquiété par la Tcheka.

En juin 1918, il se réfugie dans le village de Dmitrov, ancienne station climatique au temps des tsars, à soixante kilomètres de Moscou.

Il y dispose d'une demeure exceptionnelle dans la pénurie de logements et de nourriture qui frappe la Russie. Cette ancienne villa d'été du comte Olsoufev comprend six pièces, un grand jardin et les époux Kropotkine reçoivent la ration spéciale de nourriture réservée aux intellectuels.

De plus, ils bénéficient d'une vache et d'un poulailler.

Mais le froid est si vif et le chauffage si aléatoire que Kropotkine et sa femme vivent dans une seule pièce où le vieux révolutionnaire se délasse en jouant du piano.

Comme Kropotkine s'oppose violemment au blocus exercé par les nations occidentales et à leur intention d'intervention militaire, un revirement s'opère chez les bolcheviks. Lénine l'invite à Moscou où Kropotkine l'exhorte à multiplier les coopératives et les soviets populaires.

Ce qui va à l'encontre des théories bolcheviques. Mais Lénine feint d'approuver ces théories qu'il considère comme absolument caduques.

En 1920, de nombreuses visites de voyageurs étrangers donnent à Kropotkine l'illusion que sa philosophie est toujours vivante.

Le leader anarchiste espagnol Ange Pestana qui, à Moscou, s'est violemment opposé à Trotsky, lui apporte du beurre, du sucre, du pain blanc. Car la disette, en Russie, est devenue extrême.

Kropotkine ne lui cache pas sa profonde déception :

— Les communistes, lui dit-il, avec leurs

méthodes, au lieu de mener le peuple vers le communisme, finiront par lui en faire détester même le nom.

Par deux fois, à l'automne, il rend visite à Lénine, à Moscou, qui le reçoit avec chaleur et respect.

Il lui demande, de nouveau, de ne plus s'opposer aux coopératives et surtout d'abandonner les monstrueuses prises d'otages :

– Comment pouvez-vous, Vladimir Ilitch, vous qui vous vantez d'être l'apôtre de vérités nouvelles et le créateur d'un État nouveau, donner votre assentiment à l'utilisation d'actes aussi répugnants, de méthodes aussi inacceptables... Quel avenir est réservé au communisme, si l'un de ses plus importants défenseurs foule ainsi aux pieds les sentiments les plus honnêtes.

En novembre il écrit : *Que faire ?* Sa désillusion est complète. Il se voit trahi. Lénine est un imposteur.

« Actuellement, écrit-il, la révolution russe se trouve dans une phase où elle commet des horreurs, elle ruine le pays, dans sa démence elle annihile des vies précieuses... Et tant que cette force ne s'usera pas d'elle-même, comme elle finira par le faire, nous ne pourrons rien. »

En janvier 1921 une pneumonie terrasse le vieux leader.

Lénine envoie par train spécial cinq célèbres médecins de Moscou.

Mais Kropotkine est usé, désespéré, à bout de souffle.

Il meurt le 8 février.

Aussitôt, le gouvernement bolchevique décide d'organiser des obsèques nationales. La veuve et la fille de Kropotkine, devant cette mascarade, refusent.

Un train spécial est néanmoins formé pour emmener le corps à Moscou. Et il est exposé au palais du Travail, hier palais de la Noblesse, dans cette salle des Colonnes où, jadis, vêtu en petit prince persan, le jeune Kropotkine avait été présenté à Nicolas Ier.

Le Comité des obsèques télégraphie à Lénine pour lui demander que les anarchistes emprisonnés puissent assister aux funérailles.

Réponse : Il n'y a pas de détenus anarchistes.

Devant un aussi énorme mensonge, la fille de Kropotkine téléphone à Kamenev : « Si les prisonniers anarchistes ne sont pas libérés pour un seul jour, les couronnes bolcheviques seront enlevées de la bière. »

On feignit de ne trouver que sept anarchistes à Boutirki, qui ne furent désincarcérés que pour la cérémonie, avec promesse de réintégrer la prison le soir même.

Cent mille personnes suivirent le convoi funèbre, ponctué de drapeaux noirs, jusqu'au cimetière de Novo-Devichi.

En passant devant la prison, derrière les barreaux, les prisonniers tendaient les mains pour saluer leur dernier philosophe et leurs drapeaux.

Avec les obsèques de Kropotkine, l'histoire de l'anarchie en Russie connaissait sa fin pathétique.

Ezra Pound

Mai 1945, à Pise.

Dans la cour de la prison où sont enfermés les condamnés à mort par l'armée américaine, il y a une cage d'acier dans laquelle un homme est recroquevillé.

Personne n'est autorisé à s'approcher et nul ne doit lui adresser la parole.

Le soleil d'été est écrasant. Comme une autoroute militaire passe à proximité, le prisonnier est sans cesse exposé au bruit et à la poussière.

Toute la nuit des projecteurs éclairent la cage et brûlent les yeux de l'inconnu qui essaie de dormir à même le sol de béton, enveloppé dans des haillons.

Il a obtenu la faveur de conserver un seul petit livre, un texte de Confucius, en chinois, qu'il s'efforce de traduire, en frissonnant.

Personne ne connaît l'identité de cet homme destiné à être pendu. Personne ne sait qu'il s'agit d'un poète, mais qui se serait soucié d'un poète dans ces années atroces des derniers combats de la Seconde Guerre mondiale.

Et pourtant ce poète était l'une des gloires littéraires les plus évidentes de ces États-Unis qui le traitaient comme un chien féroce. Pendant plus de cinquante ans il s'était consacré à l'écriture de ses *Cantos*. Il était l'ami d'Eliot, de Joyce, d'Hemingway.

L'Italie était devenue sa deuxième patrie, si ce n'est la première.

Dès 1908, dans sa prime jeunesse, à tel point intégré à la civilisation vénitienne, ne projetait-il pas de devenir gondolier.

Un des premiers à se passionner pour Dante, il organisait des concerts où l'on pouvait entendre la musique de Vivaldi, alors pratiquement oubliée.

À partir de 1924, il s'était établi à Rapallo.

Cette passion de l'Italie allait devenir sa tragédie.

Il commit l'erreur grotesque, pour un intellectuel par ailleurs aussi lucide, de confondre Italie et Mussolini.

Hemingway le met en garde, contre ce qu'il appelle « le grand bluff ». Mais Pound n'en a cure. Il appelle Mussolini « le Boss ». Et il est reçu par le Duce le 30 janvier 1933.

Dès 1936 il intervient sur Radio Rome et approuve l'invasion italienne en Éthiopie.

La guerre mondiale ne lui fait pas changer d'avis. Bien au contraire, de 1940 à 1944, il publie des pamphlets à la gloire de l'Italie et de l'Allemagne.

« C'est bien simple, déclare-t-il, je veux une nouvelle civilisation. »

Il ne voit pas que le fascisme et le nazisme sont une caricature tragique de toute civilisation.

Pour l'Amérique, il est évidemment un traître.

Le 3 mai 1945, après la fuite et l'exécution de Mussolini, des partisans viennent l'arrêter et il est transféré au centre disciplinaire de Pise où sont internés les criminels et les déserteurs américains.

Pendant trois semaines, il reste enfermé dans sa cage de fer.

Le 18 novembre 1945, sous pression de l'intelligentsia américaine, il est transféré aux États-Unis.

Cet homme, dont on avait célébré la beauté et l'intelligence n'est plus qu'un être misérable, précocement vieilli, décharné, halluciné.

Ses amis illustres plaident la folie, lui évitant la peine de mort.

Au juge qui lui demande de préciser son nom, il répond : «Je ne suis personne.»

Le procès pour trahison est ajourné et Pound est transféré à l'Hôpital psychiatrique de Washington.

Tous ses vieux amis s'efforcent de justifier l'attitude indéfendable de Pound, pendant la Seconde Guerre mondiale, par l'aliénation mentale.

Eliot vient lui rendre visite et Hemingway, malgré sa désapprobation de la collaboration fasciste de Pound, l'assiste à son procès.

Comme le juge lui demande de décliner son nom et sa profession, Hemingway s'écrie :

— Vous pouvez aller au diable, avec vos simagrées ! Je suis Ernest Hemingway et Ezra Pound est mon ami. Un point c'est tout.

Le président :

— Monsieur Hemingway, je suis désolé, mais…

— Ne m'interrompez pas ! Je me moque de ce qui vous désole. Ce qui me désole, moi, c'est la manière dont on traite ici, Ezra Pound. Je le dis franchement : je veux le tirer de là et je vais vous raconter deux ou trois choses à son sujet.

«Il ne consacrait à sa propre activité poétique que le cinquième de son temps... Le reste, il l'employait à améliorer le sort matériel de ses amis et les conditions de leur travail artistique. Il les défendait lorsqu'ils étaient attaqués. Il les casait dans les journaux, les faisait sortir du violon. Il leur prêtait de l'argent, vendait leurs tableaux, organisait des concerts, convainquait les éditeurs d'accepter leurs livres... Il restait avec eux toute la nuit quand ils croyaient être à l'agonie. Il leur avançait les frais d'hôpital et les détournait du suicide.

«Voilà quel type extraordinaire c'était ! Une sorte de saint irascible. Mais beaucoup de saints ont dû l'être.

«Fou ? Et alors ? Bien sûr qu'il est fou... Au moins depuis 1933[1]...

Depuis 1933... Hamsun était lui aussi devenu fou en 1933 et Louis-Ferdinand Céline un peu plus tard, en 1937. De la même curieuse et diabolique folie...

---

1. Pièces du procès réunies par Fritz J. Raddatz et publiées dans le n° 5 de la revue *Lettre internationale*.

Libéré le 7 mai 1958, après treize années d'internement psychiatrique, il retourne aussitôt dans sa chère Italie.

Débarquant à Naples, il déclare :

– L'Amérique tout entière est un asile d'aliénés.

Qu'il ponctue avec le salut fasciste.

Bientôt tous ses amis meurent. Joyce n'était déjà plus de ce monde. Puis Hemingway et Eliot.

Pound ne parle plus. Lorsqu'on lui demande pourquoi il a choisi le silence, il répond :

– C'est le silence qui m'a choisi.

Il est toujours très grand, très droit, extrêmement maigre, beau malgré tout, avec sa chevelure et sa barbe blanches.

En 1963 il dit :

– Je gâte tout ce que je touche. Je me suis toujours trompé (...) Toute ma vie j'ai cru savoir quelque chose. Ensuite est arrivé un jour étrange et je me suis aperçu que je ne savais rien. Et les mots se sont vidés de leurs sens.

On lui lit la pièce de Samuel Beckett, *Fin de*

partie, et lorsqu'est évoqué le personnage dans la poubelle, il s'écrie :

— C'est moi.

Il dit qu'il vit en enfer.

— J'avais tort, avoue-t-il. Tort à quatre-vingt-dix pour cent. J'ai perdu la tête dans un orage.

Le Paradis, voilà pourquoi j'ai tenté d'écrire
Ne bougez pas.
Laissez parler le vent
Le paradis est là.
Que les dieux pardonnent ce que j'ai fait.
Que ceux que j'aime tentent de pardonner ce que j'ai fait.

Et il ajoute :

— Il est difficile d'écrire un paradis, quand tout semble vous pousser à écrire une apocalypse. Il est évidemment beaucoup plus facile de peupler un enfer ou même un purgatoire.

Son orgueil, incommensurable, lui permettra de rester très digne dans sa pire déchéance. Homme de la démesure, il constate :

— La perte de la mesure est toujours une infortune.

Il meurt à Venise, le 2 novembre 1972.
Après avoir murmuré :
– Je suis arrivé à la fin de mon pensum.
Les bénédictins de San Giorgio procédèrent à l'inhumation dans l'île des morts de San Michele, au large de cette Venise qu'il avait tant aimée.

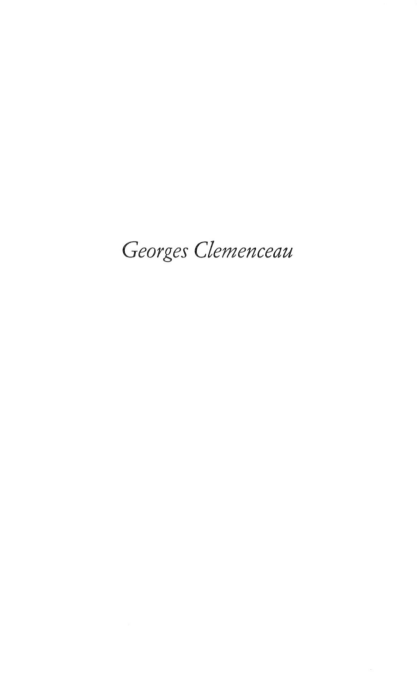

Georges Clemenceau

Le 11 novembre 1918, ce que l'on appelait « la Grande Guerre » se termine. Le lendemain, par 427 voix contre 1, le Sénat décrète : « Clemenceau et Foch ont bien mérité de la patrie. » Dans la foulée, tous les deux sont élus à l'Académie française.

La gloire de Georges Clemenceau est immense. Il est l'homme politique le plus populaire. N'a-t-il pas illustré le gouvernement, l'État, vêtu de la capote des poilus, en rendant visite aux soldats dans les tranchées !

Le vieux radical, depuis si longtemps redoutable débatteur à la Chambre des députés, maire de Montmartre à la fin d'une autre guerre, celle de 1870, est à lui seul une légende.

Oui, « Foch, Joffre et Clemenceau », comme on le chante, ont bien mérité de la patrie. Clemenceau, seul civil qui se soit élevé à la gloire militaire.

A-t-il monté trop haut ? En tout cas sa gloire indispose. À commencer par le président de la République, Raymond Poincaré, qu'il exaspère. Il a fallu qu'il le supporte pendant la guerre. Maintenant c'en est trop. Les relations entre les deux hommes deviennent de plus en plus acrimonieuses. Poincaré le décrit : « étourdi, violent, vaniteux, ferrailleur (…) sourd physiquement et intellectuellement… C'est ce fou dont le pays fait un dieu ».

Oui, ce fou qui, en tant que ministre de la Guerre, a conduit le pays à la victoire, maintenant indispose. Il a blessé tant de députés à la Chambre, par ses mots violents, il les a tant ridiculisés par des diatribes qui font mouche, que les politiciens trouvent qu'il est depuis trop longtemps au pouvoir.

Pendant toute la guerre, Clemenceau était inattaquable. Maintenant que Poincaré trouve que son ministre en prend trop à son aise, Aristide Briand, qui sera le maître de la diplomatie française de 1925 à 1932, mène l'offensive.

Même Foch, celui que Clemenceau qui s'est toujours méfié de l'armée et qui a toujours affirmé que le pouvoir militaire devait être subordonné au pouvoir civil, même celui que Clemenceau appelait « mon bon Foch », voudrait que Clemenceau abandonne le ministère de la Guerre.

Poincaré ayant terminé son septennat, l'idée de proposer à Clemenceau la présidence de la République s'impose comme une évidence.

Clemenceau refuse d'abord de poser sa candidature, puis cette perspective semblant si naturelle, il se laisse convaincre.

Aussitôt Briand mène campagne contre cette élection. La gauche ne pardonne pas au briseur de grèves et la droite rappelle son anticléricalisme.

Comme on l'interroge sur l'éventuelle reprise des relations de l'État avec le Vatican, il s'insurge : « Moi président, la République restera laïque. »

Clemenceau est un vieillard, susurre-t-on. S'il meurt en fonction peut-on imaginer des obsèques non religieuses pour un président de la République ?

À Versailles, Deschanel est élu par 734 voix, contre 56 à Clemenceau.

C'est une gifle donnée solennellement au « Père la Victoire ».

Deschanel, de retour de Versailles, croit habile de rendre visite au vaincu, Clemenceau ordonne à l'huissier :

– Dites que je n'y suis pas.

Le 18 janvier 1920, Clemenceau remet à Poincaré la démission de son gouvernement. Puis il retourne dans sa Vendée natale où il est reçu par la population avec un enthousiasme qui ne peut guérir la blessure du rejet par les parlementaires.

À ceux qui croient le flatter en soulignant l'affection que lui portent les Vendéens, il répond :

– Quel enthousiasme ! Quelle foule ! Mais ce serait encore bien autre chose si l'on me menait pendre !

Il cherche en Vendée un lieu pour sa retraite. Une bicoque face à la mer, à Saint-Vincent-sur-Jard le retient : Bélesbat.

Il n'est pas assez fortuné pour l'acheter. Le propriétaire, en hommage au « Père la Victoire », lui propose de lui en faire cadeau. Ce qu'il refuse, exigeant de payer un loyer.

De même, lorsque André Citroën lui offre une

petite voiture, il ne l'accepte qu'en versant dix mille francs pour les ouvriers de l'usine.

Sa maisonnette est située en haut d'une falaise sablonneuse. La solitude y est totale.

– Depuis trois jours, j'ai pris possession de *mon ciel*, de *ma mer*, et de *mon sable*... Je vis entouré de crevettes, de homards, sans parler d'une étonnante carpe japonaise au bout d'un bâton.

Chassé de la vie politique, il se complaît dans son exil.

À René Benjamin qui lui rend visite et s'étonne de son retirement, il réplique :

– Je suis libre.

– Non, réplique Benjamin, vous appartenez à vos contemporains.

– Monsieur, je me fous de mes contemporains.

– Monsieur le Président, ils ne se foutent pas de vous !

– Eh bien, Monsieur, je me fous qu'ils ne s'en foutent pas.

Il est vêtu de clair, un œillet à la boutonnière à la manière des Communards. Chaussé de blanc, ganté de gris, une forte canne à poignée recourbée à la main, son célèbre bonnet de police gris bleu enfoncé jusqu'aux sourcils, il a belle allure.

Après 1922, il ne voyage plus qu'entre son appartement parisien de la rue Franklin et Béles-bat.

Il marche devant la mer, fait ses courses au marché, cultive son jardin dont il aime les roses et les glaïeuls.

Refusant d'écrire ses Mémoires et redoutant que sa mémoire soit encombrée, il brûle beaucoup d'archives.

L'évacuation de la Rhénanie, l'été 1929, le spectacle de la déchéance de la France face à l'Allemagne qui entre à la Société des Nations, tout cela le pousse un peu plus dans son retranchement.

Les attaques posthumes de Foch dans le livre de Raymond Recouly : *Mémorial de Foch*, l'indignent. Lui qui a toujours ménagé Foch et l'a même poussé au rôle de généralissime des armées alliées.

Dans ce désastre, le miracle d'un dernier amour.

Une intellectuelle vosgienne, éditrice d'une collection d'ouvrages historiques, lui demande quelques pages sur la guerre. Clemenceau refuse :

– Je me suis promis de n'en parler jamais.

Une correspondance s'engage néanmoins et

Marguerite Baldensperger lui propose finalement d'écrire une biographie de Démosthène. Ce que Clemenceau accepte.

Marguerite Baldensperger rendra visite à Clemenceau à Bélesbat. Souvent.

Voyant qu'elle portait le deuil, il l'interroge.

– Ma fille aînée vient de mourir. Mon chagrin est immense.

– Je vais beaucoup penser à vous, dit Clemenceau. Je vous aiderai... Mettez votre main dans la mienne. Voilà, je vous aiderai à vivre et vous m'aiderez à mourir... Embrassons-nous.

À partir de là, ils vont se rencontrer ou s'écrire tous les jours. On retrouvera 668 lettres de Clemenceau à Marguerite.

1919-1929. Dix ans déjà sont passés. La « Grande Guerre », la victoire, les maréchaux, les disputes à la Chambre, tout cela se perd dans la brume des « années folles ».

Le si vieux Clemenceau n'est plus d'actualité. Il meurt dans sa Vendée familiale, le 24 novembre 1929, à quatre-vingt-huit ans.

Fréhel

Qui se souvient d'avoir vu et entendu Fréhel chanter dans le film *Pépé le Moko* « Où est-il mon Moulin d'la place Blanche ? » ne se le rappelle pas sans un frisson.

Cette ancienne vedette de music-hall, rivale de Mistinguett y paraissait déjà une vieille femme clochardisante.

Mais alors, c'était du cinéma.

Nous avons retrouvé Fréhel beaucoup plus tard, qui n'avait guère changé depuis *Pépé le Moko*, sinon qu'elle était devenue, pour de vrai, pocharde et vraie clocharde.

Mistinguett, dont j'ai aidé à écrire les *Mémoires*, voilà bien longtemps, est restée une figure mythique, comme Joséphine Baker. Mais Fréhel qui, comme la Môme Piaf, commença à chanter dans les rues, accompagnant un vieil aveugle, dans sa misérable enfance, Fréhel qui, au temps de sa gloire, disputait à Mistinguett l'amour de Maurice Chevalier, qui se souvient qu'elle fut une vedette parisienne sous le nom de Petite Pervenche ?

Petite Pervenche était alors chaperonnée par la Belle Otero. On lui prédisait la carrière de Damia, la chanteuse réaliste la plus célèbre avant l'arrivée d'Édith Piaf.

Mais la jeune et belle Fréhel perdit sa beauté. La notoriété et la richesse ayant rapidement causé sa perte.

L'alcool, la drogue, une longue absence due à la guerre de 1914-1918, transformèrent à tel point celle qui désormais s'appela Fréhel, que le public ne la reconnaissait pas.

Elle avait changé non seulement physiquement, mais sa voix n'était plus la même, ni son répertoire.

Chanteuse réaliste, elle avait pris l'habitude de bousculer son public et même de l'invectiver :

– Fermez vos gueules, j'ouvre la mienne.

On la retrouvait au cinéma, mais toujours dans

des petits rôles, le plus souvent de prostituée décatie.

Pépé le Moko, film de Duvivier, date de 1937.

En 1950, pour quelque temps, mon grand copain de l'après-guerre, Robert Giraud, ressuscita Fréhel.

Avec Robert Giraud, dit Bob, nous avions vécu, dans nos premières années parisiennes, les moments éblouissants de la Libération. Libération, jamais mot n'a été plus juste. Nous étions libérés de la monstrueuse occupation allemande, libérés de la peur, de l'angoisse. Mais c'était plus que ça. Qui n'a pas connu ces années-là ne sait pas ce que « libération » veut dire.

Nous gagnions de quoi nous payer de misérables chambres meublées et quelques rogatons que nous concédaient les tripiers grâce aux produits de nos articles dans un journal de la Résistance. Qui, malheureusement, disparut aussi vite que l'esprit de la Résistance.

Nous fréquentions Robert Doisneau pour lequel nous écrivîmes les textes d'un de ses premiers livres de photos : *Les Parisiens tels qu'ils sont,* publié par un autre copain de ce temps-là : Robert Delpire.

Robert Giraud, envoûté par la vie nocturne, les putains et les bistrots à gros rouge, dénicha la vieille Fréhel.

Et il eut le culot de l'inviter à venir chanter dans le troquet d'une de ses connaissances, rue Mouffetard.

Dans l'arrière-salle de ce bistrot minable, Fréhel redevint, pour quelques semaines, l'étoile qu'elle avait été.

Mais une étoile fanée de la Mouffe, étoile d'abord des marginaux habitués à ce bistrot. Puis la nouvelle se répandit de la réapparition de ce fantôme. Les habitués du quartier furent peu à peu repoussés par le public des caves de Saint-Germain-des-Prés.

Étrange music-hall que Bob affréta pour Fréhel où il ressuscita l'ambiance des bastringues de la rue de Lappe.

On s'entassait à tel point que le comptoir servait aussi de siège. Fréhel, courte sur pattes et massive, se frayait brutalement un passage. Puis, juchée sur une estrade improvisée avec des casiers à bouteilles, se campait, mains aux hanches, et entonnait d'une voix sourde, qui, peu à peu s'amplifiait, une voix rouillée, l'émouvante chanson de *Pépé le Moko* :

> *Où est-il mon moulin d'la place Blanche*
> *Mon tabac et mon bistrot du coin*
> *Tous les jours, pour moi, c'était dimanche*
> *Où sont-ils, mes amis, mes copains*
> *Où sont-ils, tous mes vieux bals musettes*
> *Leurs javas, au son d'l'accordéon*
> *Où sont-ils mes repas sans galette*
> *Avec un cornet d'frites à deux ronds*
> *Où sont-ils donc ?*

Ce n'était pas de la frime. Ses copains, de la Belle Époque, elle les avait perdus pour de bon. Et tous ces gens qui venaient écouter sa misère, on voyait bien qu'elle n'avait pour eux que mépris.

Une sorte de stupeur mélancolique et douloureuse nous saisissait tous. Ce n'était plus du cinéma, mais la vérité-vraie, comme disent les enfants. Le bistrot de la Mouffe sonnait plus vrai que la casbah d'Alger. On retenait son souffle. On n'osait même pas applaudir.

De l'assistance sortit un soir un clodo avec, à la

bouche, un minuscule harmonica. Fréhel fit signe de le laisser jouer. Puis, royale, magnanime, elle quêta pour cet inconnu qui n'était pas un comparse.

Soudain elle disparut, s'enveloppant dans son grand châle élimé.

Elle mourut l'année suivante, en 1951, sans que personne n'en sache rien.

Françoise Sagan

En 1975, Françoise Sagan et Brigitte Bardot ont quarante ans. Brigitte comprend qu'il est temps pour elle d'arrêter le cinéma. En pleine gloire. Françoise, moins habile, ne réalise pas que son parcours littéraire, aussi prestigieux soit-il encore, n'est plus ce qu'il était.

Françoise Sagan et Brigitte Bardot ont représenté, le temps d'une génération, le symbole de la libération de la femme de toutes les contraintes, de tous les préjugés, de tous les interdits.

Faisant leur cette réflexion hédoniste de Madame du Châtelet, l'amie de Voltaire : « Nous n'avons rien à faire de ce monde qu'à nous procurer des sensations et des sentiments agréables. »

L'envie d'écrire est venue très tôt à Françoise Sagan. « Écrire, dit la jeune fille, pour être riche et célèbre. »

Peu de résolutions semblables sont aussitôt exaucées. À dix-sept ans elle publie son premier livre, à la fois charmeur et scandaleux : *Bonjour tristesse.*

C'est un succès immédiat, comme il y en a peu. Succès de presse, succès de librairie, succès financier. À vingt-cinq ans, elle est célèbre et riche, dépense sans compter, ne s'occupant jamais de l'état de ses finances.

Dans ses rapports avec ses éditeurs, Sagan leur avait toujours fait une confiance absolue. Et elle avait raison. De René Julliard qui, lorsqu'elle a dix-sept ans, lui donne vingt pour cent de droits d'auteur (soit le double de ce qui est habituel) à Henri Flammarion qui publie en 1977 son treizième roman et qui, non seulement lui verse ponctuellement de fastueuses mensualités, mais lui alloue des sommes supplémentaires lorsqu'elle les demande.

Pourquoi, soudain, cette méfiance irraisonnée ? Elle engage un expert pour vérifier ses comptes. Or il s'avère le contraire de ce qu'elle croit. C'est elle qui doit une forte somme à son éditeur.

À partir de là, tout commence à se dérégler.

Elle se précipite chez Jean-Jacques Pauvert, éditeur à la mode, peu fait pour elle (ce n'est pas la même mode) et qui la déçoit.

Outré, Flammarion suspend les mensualités et fait pilonner les exemplaires en stock des romans de Sagan.

Les liens privilégiés avec tous les éditeurs se cassent autour de 1980. Pauvert l'assigne en justice pour rupture abusive de contrat. Sagan est condamnée à lui payer huit millions de francs d'indemnité.

Une affaire de plagiat achève de donner à la romancière mythique une image détestable. Jean Hougron l'accuse en effet de s'être inspirée pour son roman *Le chien couchant*, d'une de ses œuvres. Le 8 avril 1981 le tribunal la condamne pour « reproduction illicite » au retrait de la vente de son roman, à la destruction des stocks et au partage des droits sur les livres vendus.

En 1986, après une descente de police, elle est condamnée à un mois de prison avec sursis et dix mille francs d'amende pour consommation de drogue.

Françoise Sagan a beau dire : «J'ai le droit de me tuer comme je veux», elle n'a plus tous les droits, ni vis-à-vis de ses éditeurs, ni en ce qui concerne sa vie privée.

Pourtant sa figure légendaire est encore tenace puisque le nouveau président de la République, François Mitterrand, lui voue une amitié tendre. Ils déjeunent souvent ensemble et Mitterrand l'invite à un voyage officiel à Bogota. D'où elle revient d'urgence en Mystère 20, soigner un œdème pulmonaire.

Françoise Sagan a voulu mener sa vie au galop. Une vieillesse précoce l'accable. À cinquante-quatre ans, elle se casse le col du fémur.

Comment peut-elle abuser de son amitié avec Mitterrand en se faisant la complice d'un homme d'affaires, Guelfi, qui lui demande d'obtenir la signature du président pour un contrat de prospection de pétrole en Ouzbékistan. Guelfi assurera qu'il avait versé trois millions et demi de commission à Sagan pour cette signature qui paraîtra usurpée.

Avec cette affaire, Sagan détruit sa belle image désinvolte. Elle a beau avoir rejoint les Éditions Gallimard, son prestige d'auteur pâtit de la concurrence d'écrivains chevronnés.

Elle va connaître désormais deux ennemis qui se moquent de ses talents, de sa renommée, de sa légende : le fisc et la police anti-drogue.

Alors que ses arriérés d'impôts engloutissent ses recettes, le fisc l'accuse de dissimulation de revenus, l'accable d'amendes et la menace de prison.

Elle est précipitée dans une chute vertigineuse, aussi rapide que son succès.

Tout ce qui a été sa vie brillante s'écroule. Le manoir du Breuil est hypothéqué, le fisc vend à la criée le manoir de Roquemanville. Ses comptes en banque sont bloqués. Toutes ses rentrées d'argent sont confisquées, à l'exception d'un minimum vital qui ne lui permet même pas de payer le loyer du petit appartement où elle s'est réfugiée à Paris, rue de Lille.

Elle marche difficilement, se casse une jambe, traîne d'hôpitaux en hôpitaux.

Une riche et admirative amie la recueille avenue Foch. Privée de ce qui reste de sa bande joyeuse, elle se sauve et s'installe provisoirement à l'Hôtel Lutetia. Mais elle doit être transportée à l'Hôpital Georges-Pompidou pour un coma diabétique.

C'est alors que le titre de son premier livre devient prémonitoire *Bonjour tristesse.*

Bonjour tristesse. Bonjour la déchéance !

Elle ne se déplace plus qu'en chaise roulante, porte un masque à oxygène. On doit la laver et l'habiller.

Brigitte Bardot vient la voir, mais Sagan refuse de la recevoir, ne voulant pas lui dévoiler son effondrement.

Elle meurt le 24 septembre 2004. Elle n'est pas oubliée, mais elle n'est plus à la mode.

*Qui est ce vieil homme
qui court sur le sable*

Qui est ce vieil homme, toujours torse nu, les cheveux blancs, très courts, ébouriffés, de grosses lunettes à monture d'écaille, qui court sur le sable et se jette à l'eau sans hésiter ? Il nage très loin, si loin que certains baigneurs s'inquiètent.

Il revient ruisselant, évite les importuns, marche vite vers le cabanon où il reste enfermé, même aux heures des repas. C'est le patron du petit bistrot de la plage qui lui porte à manger.

Lorsqu'on l'interroge au sujet de son curieux pensionnaire, il répond :

– Foutez-lui la paix. Il a bien été assez emmerdé toute sa vie. Il a droit au repos, non ?

Curieux cette attention et ce respect que lui porte le tenancier de ce minable troquet, installé en contrebas de la route et où l'Ancien (c'est ainsi que les habitués du coin désignent l'inconnu) s'enferme dans une baraque de chantier, curieusement posée là.

Il n'en sort que pour se précipiter vers la mer et s'élancer dans les flots. Il nage d'une brasse vigoureuse qui étonne étant donné l'âge qu'on lui prête.

Pas d'autre octogénaire sur cette minuscule plage en bord de la route nationale.

Les nouveaux venus s'interrogent et, très vite, s'habituent à cet étrange vieillard.

Lorsqu'il sort du cabanon, les yeux fixés sur la mer, certains continuent à dire :

– Tiens, voilà l'Ancien qui va faire une trempette.

Il traverse le bord de mer, sans regarder personne et court vers l'eau.

– Il est un peu fier, ton client, disent certains au bistrotier. C'est comme si on était des méduses. Il prend garde à ne pas nous marcher dessus, c'est le moins.

– Laissez l'Ancien tranquille, il vous dérange ? Ne l'emmerdez pas.

Les jours passent tranquilles dans cet été de l'an 1965. L'Ancien reste enfermé dans son cabanon. Que peut-il bien y faire ? Il doit y cuire.

D'ailleurs il a la peau cuivrée par ses allées et venues de la baraque à la mer.

Il ne parle à personne. Si on le salue, il ne répond pas.

— Il est quand même un peu trop fier, ton client.

— Il n'est pas fier, répète le bistrotier, seulement il n'aime pas qu'on l'emmerde.

— Oui, c'est ça, il nous prend pour une merde.

— La barbe, foutez-lui la paix. Toute sa vie, on l'a fait chier. Il a bien le droit de se reposer, à son âge.

L'endroit n'avait rien d'un lieu de vacances.

Près de la gare de chemin de fer Nice-Vintimille, en contrebas, le cabanon avait été posé sur les rochers. À cinquante mètres s'ouvrait la plage, toute petite.

Qui avait bien pu lui faire choisir comme lieu de résidence ce paysage infortuné, si loin des critères de la Côte d'Azur ?

Était-il si pauvre, si délaissé, et pourquoi si solitaire ?

Bien qu'on ne le vît que pratiquement nu, il

n'avait pas l'air d'être pauvre. Un bourgeois, dans la dèche, sans doute, mais pas un vieux prolo.

Dans les brefs moments où il apparaissait, on devinait à la manière dont il se comportait quelque chose du patron, du chef. Pas question de l'importuner. Ceux qui s'étaient risqués à l'interpeller en avaient été pour leurs frais. Était-il sourd ? Était-il trop orgueilleux ? Mais alors pourquoi avoir choisi de vivre dans cette baraque ?

– Diogène dans son tonneau, dit un jour quelqu'un qui avait de l'instruction.

La réflexion tourna court. Personne ne connaissait le nommé Diogène et personne ne voyait de tonneau. Il y a toujours des mecs qui veulent se rendre intéressants.

Les jours passaient, dans cet été très chaud.

Parfois l'Ancien s'arrêtait au niveau des vagues, rebroussait chemin de quelques pas et se mettait à dessiner dans le sable frais. Les enfants, curieux, accouraient et, déçus, ne voyaient que des tracés sans figures. Des carrés, des rectangles, que l'inconnu confrontait avec application, restant parfois pensif ou perplexe.

– Pourquoi tu ne fais pas un château ? demanda un enfant.

L'Ancien sursauta, comme si on l'avait frappé à l'épaule et bougonna :

– Un château, voyez-vous ça. Et tu habites où, toi ?

L'Ancien effaça avec colère son dessin et bondit dans les flots.

Finalement, on n'attacha plus d'importance à l'Ancien.

Jusqu'au jour où quelqu'un s'inquiéta de ne pas le voir apparaître.

– Alors, il est parti l'Ancien ?

– Mais non, ce matin on l'a vu courir vers la mer.

– Qui l'a vu revenir ?

– Personne.

– Après tout, on n'était pas payés pour le surveiller.

Le bistrotier courut vers la baraque.

Vide.

– Oui, dit quelqu'un, je l'ai vu nager très loin, puis je l'ai perdu de vue.

On était si habitué à ses manières singulières.

Le bistrotier se montra si bouleversé que l'on avait l'impression qu'il avait perdu quelqu'un de sa famille.

Les gendarmes vinrent enquêter et conclurent que le vieux s'était noyé.

Le lendemain, tous les journaux imprimaient en première page :

MORT DE LE CORBUSIER

« Le plus grand architecte du monde », déclare André Malraux.

Disparu accidentellement en Méditerranée.

Table des matières

DU MÊME AUTEUR

ROMANS

Aux Éditions Albin Michel

DRÔLES DE MÉTIERS

ENFANCE VENDÉENNE

L'ACCENT DE MA MÈRE

MA SŒUR AUX YEUX D'ASIE

LES MOUCHOIRS ROUGES DE CHOLET (Prix des lectrices de *Elle*, Goncourt du Récit historique)

LA LOUVE DE MERVENT

LE MARIN DES SABLES

LE COCHER DU BOIROUX

LA MÉMOIRE DES VAINCUS

LE ROMAN DE RABELAIS (Prix des Maisons de la Presse)

LES COQUELICOTS SONT REVENUS

UN SI BEL ESPOIR

UN ROSSIGNOL CHANTAIT

LA FERME D'EN HAUT

LE PRISONNIER

ESSAIS

HISTOIRE DE LA LITTÉRATURE PROLÉTARIENNE, Albin Michel

L'ACCENT DE MA MÈRE, « Terre Humaine », Plon

LA VOIE LIBERTAIRE, « Terre Humaine », Plon

1793. L'INSURRECTION VENDÉENNE ET LES MALEN-TENDUS DE LA LIBERTÉ, Albin Michel

D'UNE BERGE À L'AUTRE, POUR MÉMOIRE 1943-1953, Albin Michel

GEORGES ET LOUISE, Albin Michel

GUSTAVE COURBET, Fayard

DICTIONNAIRE DE L'ANARCHIE, Albin Michel

CRITIQUE ET HISTOIRE DE L'ART

L'ART ABSTRAIT, tomes 3, 4, 5, A. Maeght

ATLAN, MON AMI, 1948-1960, Galilée

KAREL APPEL, DE COBRA À UN ART AUTRE, Galilée

JEAN DUBUFFET, PAYSAGES DU MENTAL, Skira-J. Bucher

JEAN DUBUFFET, Fall éditions

LES ATELIERS DE SOULAGES, Albin Michel

JAMES GUITET, LES FORCES DU SILENCE, SMI

54 MOTS-CLÉS POUR UNE LECTURE POLYPHONIQUE D'AGAM, Fall éditions

LE DESSIN D'HUMOUR, « Points-Virgule », Seuil

JOURNAL DE L'ART ABSTRAIT, Skira

MARTIN BARRÉ, CALDER, CORNEILLE, FAUTRIER, ÉTIENNE-MARTIN, KEMENY, KŒNIG, MARTA PAN, POLIAKOFF, monographies chez divers éditeurs

DU CÔTÉ DE L'ART BRUT, Albin Michel

LE REGARD ET LA MÉMOIRE. PORTRAITS-SOUVENIRS DE ATLAN, POLIAKOFF, DUBUFFET, CHAISSAC, FAUTRIER, HARTUNG, Albin Michel

50 ANS D'ART VIVANT (1950-2000), Fayard

URBANISME ET ARCHITECTURE

ESTHÉTIQUE DE L'ARCHITECTURE CONTEMPORAINE, Griffon, Neuchâtel

L'HOMME ET LES VILLES, Albin Michel

L'ARCHITECTURE, LE PRINCE ET LA DÉMOCRATIE, Albin Michel

L'ESPACE DE LA MORT, Albin Michel

L'ARCHITECTURE DES GARES, Denoël

CLAUDE PARENT, MONOGRAPHIE CRITIQUE D'UN ARCHITECTE, Dunod

LE TEMPS DE LE CORBUSIER, Hermé

C'EST QUOI, l'ARCHITECTURE ?, « Petit Point », Seuil

HISTOIRE DE L'ARCHITECTURE ET DE L'URBANISME MODERNES, 3 vol., « Point Essais », Seuil

BIO-BIBLIOGRAPHIE

AUTOUR DE MICHEL RAGON, musée des Beaux-Arts de Nantes

J'EN AI CONNU DES ÉQUIPAGES, entretien avec Claude Glayman, J.-C. Lattès

MICHEL RAGON PARMI LES SIENS, Plein Chant, n° 64-65

LES ITINÉRAIRES DE MICHEL RAGON, Aliette Armel, Albin Michel

LE MUSÉE DU XXe SIÈCLE DE MICHEL RAGON, Hôtel du département de la Vendée

Composition IGS-CP
Impression CPI Bussière en décembre 2010
à Saint-Amand-Montrond (Cher)
Éditions Albin Michel
22, rue Huyghens, 75014 Paris
www.albin-michel.fr

ISBN broché : 978-2-226-21868-1
ISBN luxe : 978-2-226-18444-3
N° d'édition : 19499/01. – N° d'impression : 103434/1.
Dépôt légal : janvier 2011.
Imprimé en France.